SAMMLUNG GÖSCHEN BAND 222

WARENKUNDE

I

ANORGANISCHE WAREN SOWIE KOHLE UND ERDÖL

von

DR. KARL HASSAK †

und

PROF. DR.-ING. ERNST BEUTEL †

Achte Auflage

neubearbeitet von

DR.-ING. HABIL. ARTUR KUTZELNIGG

Mit 18 Figuren

WALTER DE GRUYTER & CO.

vormals G. J. Göschen'sche Verlagshandlung · J. Guttentag, Verlagsbuchhandlung · Georg Reimer · Karl J. Trübner · Veit & Comp.

BERLIN 1958

Druck: Hubert & Co., Göttingen. — Printed in Germany.

Inhaltsverzeichnis

Inhalt des zweiten Bandes: Organische Waren

Schrifttum

Bauer-Schloßmacher, Edelsteinkunde, 1928

Beutel, Grundriß der Warenkunde, 1933

Binz, Die Edelmetalle, ihr Fluch und ihr Segen, Berlin 1939

Blücher-Winckelmann, Auskunftsbuch für die chemische Industrie, 18.A. Berlin 1954

Dammer-Tietze, Die nutzbaren Mineralien, Stuttgart 1927

Erdmann-König-Remenovsky, Grundriß der allgemeinen Warenkunde, 19.A. Leipzig 1925

Grünsteidl, Praktikum der Warenkunde, Wien 1931

Hessenland, Gewerbliche Chemie, 3.A. München-Berlin 1952

Jurasky, Kohle, Naturgeschichte eines Rohstoffes, Berlin 1940

Michel, Die künstlichen Edelsteine, 1926

Ost-Rassow, Lehrbuch der chem. Technologie, 25.A. Leipzig 1956

Pöschl, Warenkunde, 2.A. Stuttgart 1924

Pöschl, Deutsche Werkstoffe, 2.A. Stuttgart 1943

Rauhut-Renesse, Werkstoffratgeber 5.A. 1956

Römpp, Chemielexikon, 3.A. Stuttgart 1952

Ruhrkohlenhandbuch, 2.A. 1932

Scheer, Was ist Stahl? 9.A. 1952

Schmidt-Fischbeck, Die industrielle Chemie in ihrer Bedeutung im Weltbild, 2.A. 1943

Staeger, Allgemeine Werkstoffkunde, 1947

Statistisches Jahrbuch für die Bundesrepublik Deutschland, 1956

Ullmann, Enzyklopädie der techn. Chemie, 3.A. ab 1951, München-Berlin

Winnacker-Weingartner, Chemische Technologie, ab 1950, München

Zeerleder, Technologie des Aluminiums und seiner Leichtlegierungen, 5.A. Leipzig 1947

Abkürzungen

Baumé-Grad	= °Bé
Bundesrepublik Deutschland	= BR
Cents (Cents) (0,01$)	= ct(cts)
Deutsche Demokratische Republik	= DDR
Dichte	= d
Deutsche Mark	= DM
Dollar (100 cts)	= $
Engl. Pfund [1 Pfund Sterling = 20 shilling (s) 1 s = 12 pence (d)]	= £
Englische Tonne = Longton = 1016 kg	= longt
Härte nach der mineralogischen Härteskala	= H
Hektoliter (100 l)	= hl
Kilogramm (1000 g)	= kg
Gramm (0,001 kg)	= g
Kilokalorie (1000 cal)	= kcal
Kilotonne (1000 t = 1000000 kg)	= kt
Kubikmeter	= m^3
Liter (1000 ml)	= l
Meter	= m
Dezimeter (0,1 m)	= dm
Zentimeter (0,01 m)	= cm
Millimeter (0,001 m)	= mm
Quadratmeter	= m^2
Quadratdezimeter	= dm^2
Quadratmillimeter	= mm^2
Meterzentner (100 kg)	= dz
Mikron (0,001 mm)	= μ
Milliarde (1000000000)	= Mia
Million (1000000)	= Mio
Pfund, engl. ℔ = am. ℔ (453,6 g) (16 ounces, oz. av. Unzen, avoirdupois)	= lb(lbs)
Siedepunkt	= SP
Schmelzpunkt	= SmP
Tonne (1000 kg = 10 dz = 0,984 engl. tons)	= t
Union der sozialistischen Sowjetrepubliken	= UdSSR
Unze (avoirdupois) = 28,35 g	= oz. (av.)
Unze (troy) = 31,1035 g	= oz. (t.)
Vereinigte Staaten von Nordamerika	= USA

Einleitung

Waren sind bewegliche Güter, die Gegenstände des Handels, also des Austausches zum Zwecke der Bedürfnisbefriedigung bilden. Im Handelsverkehr pflegt man die Waren dem Geld und den Wertpapieren gegenüberzustellen. Man unterscheidet demnach einen Warenmarkt, an dem die einen, und einen Geld- oder Effektenmarkt, an dem die andern gehandelt werden. Viele Waren entstammen unmittelbar den drei Naturreichen und kommen in einer schlichten Zurichtung zum Verkauf. Sie heißen Rohwaren oder Rohstoffe: Kohle, Getreide, Baumwolle, Salz, Ton, tierische Häute. Die anderen Waren werden aus den Rohstoffen gewerbs- oder fabrikmäßig erzeugt und heißen Erzeugnisse (Fabrikate): Eisen, Mehl, Salzsäure, Porzellan, Teerfarben, Leder.

Warenkunde ist die Lehre von den Waren. Sie hat die Waren zu beschreiben, die Herkunft, die Art ihrer Gewinnung und die Handelssorten anzugeben. Sie soll auch ein Bild der Bedeutung der Ware für den Welthandel bieten. Die Warenkunde bespricht ferner die Verunreinigungen und Fälschungen und die einfachsten Verfahren, sie zu erkennen. Endlich sind die für den Handelsverkehr mit einzelnen Waren geltenden Gesetze und Marktgewohnheiten, Usancen, zu erwähnen.

Einteilung der Waren. Da alle Waren unmittelbar oder mittelbar den Naturreichen entstammen, pflegt man sie in Waren aus dem Mineralreiche, aus dem Pflanzenreiche und aus dem Tierreiche zu unterscheiden. Nach der chemischen Zusammensetzung werden die mineralischen Waren als anorganische Waren, die pflanzlichen und tierischen als organische Waren bezeichnet. Die im folgenden gegebenen Unterabteilungen wurden nach den

Grundsätzen der Verwendung der Waren und nach ihrer stofflichen Zusammensetzung gebildet.

Die im Handel noch teilweise üblichen Gruppenbezeichnungen für manche Waren, wie „Kolonial-", „Material-", „Manufaktur-", „Kurzwaren" u. a. sind für die wissenschaftliche Behandlung ungeeignet und entsprechen auch den heutigen Verhältnissen nicht.

Hilfswissenschaften der Warenkunde. Bei der Beschreibung der Waren müssen die in der Naturgeschichte üblichen Fachausdrücke benützt werden, deren Kenntnis vorausgesetzt wird. Alle Waren sind Stoffe; ihre Gewinnung und Verwendung hängt mit ihrer chemischen Zusammensetzung innig zusammen. Für das Studium der Warenkunde müssen daher auch die Grundlehren der Chemie, die ja die Lehre von den Stoffen ist, als bekannt vorausgesetzt werden. Die Warenkunde baut auf den Naturwissenschaften auf[1]). Die Erzeugung der Fabrikate aus den Rohstoffen lehrt die Technologie. Sie ist die wissenschaftliche Behandlung der gewerblichen und industriellen Arbeitsvorgänge, die, soweit sie für das Verständnis der Waren notwendig sind, bei ihrer Besprechung wenigstens angedeutet werden sollen.

Die Herstellung der Fabrikate aus den Rohstoffen kann geschehen: 1. durch Formänderung, mechanische Bearbeitung: aus Eisen wird Draht, aus Getreide Mehl, aus Seide Seidensamt (mechanische Technologie); 2. durch chemische Bearbeitung: Aus Steinsalz wird Salzsäure, aus Teer werden Farben, aus Baumwolle Schießbaumwolle hergestellt (chemische Technologie).

I. Metalle und Metallwaren

Metalle sind durch den Metallglanz und gutes Leitungsvermögen für Wärme und Elektrizität ausgezeichnet. Man kennt etwa 60 metallische Elemente. An ihrer Spitze steht der wirtschaftlichen Bedeutung nach das Eisen,

[1]) Für Leser, die mit den genannten Wissenschaften wenig vertraut sind, seien die einschlägigen Bändchen der „Sammlung Göschen" zur fallweisen Benützung empfohlen: „Chemische Grundbegriffe", Nr. 804, „Anorganische Chemie", Nr. 37, „Organische Chemie", Nr. 38/38a.

das zu den wichtigsten Waren der Welt gehört und von der Wirtschaft von den anderen Metallen gesondert betrachtet wird. Der Handel unterscheidet Eisen einerseits, und Metalle oder „Nichteisenmetalle" („NE-Metalle") anderseits. Viele Metalle spielen im Wirtschaftsleben, im Handel und Verkehr, in Industrie und Gewerbe, in Kunst und Wissenschaft, im Haushalt usw. eine sehr große Rolle und sind aus der Zivilisation des Menschen nicht mehr wegzudenken. Sie gehören zu den gesuchtesten Welthandelswaren. Die größten Verbraucher sind die europäischen Industriestaaten, die USA und Japan. Amerika führt Metalle aus, Europa ein. Mexiko, Kanada, Chile, Bolivien, Zentralafrika, Indonesien und Australien beliefern Europa mit Erzen.

Das Eisen überragt nach seiner Erzeugungsmenge die anderen Metalle so sehr, daß deren Gewichtsmengen ihm gegenüber eine ganz untergeordnete Rolle spielen. Nur die Erzeugungsmengen von Kupfer, Aluminium und Zink betragen über 1% der Gesamterzeugung.

Nach ihrer Dichte d unterscheidet man Schwermetalle ($d > 3{,}8$) und Leichtmetalle ($d < 3{,}8$, z. B. Aluminium und Magnesium). Die Schwermetalle pflegt man weiter in edle und unedle zu sondern.

Edelmetalle sind Schwermetalle, die sich an reiner Luft nicht verändern, nicht oxydieren (Gold, Platinmetalle, Silber und Quecksilber).

Unedle Metalle oxydieren sich. Die handelswichtigsten sind: Eisen, Aluminium, Kupfer, Zink, Blei, Zinn und Nickel. Wismut, Antimon und Arsen heißen Sprödmetalle und spielen nur eine untergeordnete Rolle[1]). Die hauptsächlichsten Metallmärkte sind London und New York. In London werden die Preise der meisten Metalle in £ je longt, in New York in cts je lb notiert; Gold und Platin je g oder je oz; Silber: London je oz; Zinn: London je longt; Quecksilber je Flasche.

---

[1]) Über Metalle seien folgende Büchlein aus „Sammlung Göschen" empfohlen: „Metallurgie", Nr. 513 und 514, „Die Metalle und ihre Verbindungen" Nr. 812—814.

Die gebräuchlichen Handelsformen sind Barren, Ingots, Bars, Wirebars sowie Halbzeug in Form von Blech, Draht, Stangen, Profilen usw.

A. Edelmetalle

1. **Gold** (*Aurum*, Au), der König der Metalle, ist der Wertmesser aller anderen Waren. Es ist ausgezeichnet durch eine prächtige Farbe, seinen edlen Glanz und seine Unveränderlichkeit und Wertbeständigkeit. Es ist neben Platin das dehnbarste Metall und läßt sich zu Blattgold von 0,08 μ Dicke ausschlagen, das grün durchscheint. 1200 solcher Blättchen haben erst die Dicke von Schreibpapier. Reines Gold ist so weich wie Blei. $d = 19{,}4$. SmP 1063°. Rein läßt es sich schlecht gießen.

Gold wird von Königswasser, einem Gemisch von Salpetersäure und Salzsäure, zu Goldchlorid gelöst; wird es aus der Lösung ausgefällt, so erhält man ein rotbraunes Pulver. Mit Quecksilber gibt es ein Amalgam, mit Zyannatriumlösungen lösliches Natriumgoldzyanid; beide spielen daher bei seiner Gewinnung eine große Rolle.

Das meiste Gold kommt in gediegenem Zustande vor und ist stets mit Silber (bis 40%) und anderen Metallen legiert. Viele Kupfer- und Silbererze enthalten und liefern es als wertvolles Nebenerzeugnis. Gediegenes Gold findet man in Form kleiner Kristalle und anderer Bildungen im Quarz und Trachyt auf ursprünglicher, primärer, Lagerstätte als Berggold. Durch die Verwitterung des Muttergesteines gelangt es auf eine zweite, sekundäre, Lagerstätte, findet sich im Sande alter Flußbette und heißt dann Seifen- oder Waschgold. Dieses bildet Schüppchen oder Körner, ja manchmal sogar große Klumpen, englisch: nuggets.

Berggold wird in Südafrika (Transvaal), aber auch in den Karpaten und im siebenbürgischen Erzgebirge (Schemnitz, Brad), in Roudny (südlich von Prag), in den Tauern und in Boliden gefunden. Waschgold gewinnt man in den USA (Nevada,

Kalifornien), in Kanada, auf der Halbinsel Alaska, in Südamerika, in Rußland (Ural, Lena) und Australien (Viktoria und Westaustralien).

Gold-Welterzeugung 1954[1]): 798 t, daran waren beteiligt:

Transvaal und Rhodesien	mit 54 %
USA	mit 7,1%
Kanada	mit 17 %
Australien	mit 4,4%.

Waschgold gewinnt man durch Schlämmen der Goldseifen mit Wasser, „Waschen“. Hierzu werden entweder einfache Blechschüsseln oder hölzerne Wiegen benützt. Das schwere Gold trennt sich rasch vom leichten Sande. In Großbetrieben wird der goldführende Sand mit gewaltigen Wasserstrahlen hydraulisch abgebaut und durch lange Kanäle geleitet, in denen sich das schwere Gold an Querleisten ablagert.

Berggold wird besonders durch das Amalgamationsverfahren gewonnen: Das nasse, goldführende Gestein wird durch Pochwerke oder Mühlen fein zerkleinert und das Metall durch Quecksilber herausgelöst. Das erhaltene Amalgam preßt man in Säcken vom überschüssigen Quecksilber ab und destilliert es. Das Quecksilber fängt man in Vorlagen auf, das Gold bleibt als Schwamm zurück. Meist werden die Erzrückstände nach der Amalgamation noch dem Zyanidverfahren unterworfen: In großen Bottichen läßt man sie mit verdünnter Zyannatrium-Lösung stehen: das Gold geht in Lösung und wird mit Zink oder auf elektrolytischem Wege ausgeschieden.

Das gewonnene Gold wird schließlich geschmolzen und in Wasser gegossen, wodurch man unregelmäßige Körner, granuliertes Gold, erhält. Meist gießt man flache Barren, die in der Regel 400 oz. (t.) (12,44 kg) wiegen. Ihre Nummer, ihr Gewicht und ihr Feingehalt werden verzeichnet. Das aus den Hüttenwerken kommende Gold ist mit Silber

---

[1]) Ohne UdSSR.

und anderen Metallen legiert und wird in Scheide- oder Affinieranstalten entweder mit Säuren oder elektrolytisch zu Feingold gereinigt. In London, dem Hauptmarkte für Gold, wird der jeweilige Preis in s und d je oz (t.) Feingold, in Hamburg und Pforzheim in DM je g angegeben.

Der Wert des Goldes ist im Laufe der Zeiten ständig gestiegen, besonders aber hat sich in den letzten Jahrzehnten das Wertverhältnis von Gold zu Silber sehr zuungunsten des Silbers verschoben. Im Altertume betrug es 1:10 (für 1 kg Gold erhielt man 10 kg Silber). 1865 stand es 1:15,5, während es 1957 1:39 war. 1 DM = 0,211588 g Feingold. Goldpreis 1957: DM 4940/kg. Der Londoner Goldpreis betrug 1956 249 s $3\frac{1}{4}$ d je oz (t.) Feingold.

Reines Gold wird zur Herstellung von chemischen Präparaten, für die Photographie, die Galvanostegie, die Glas- und Porzellanmalerei, für Vergoldungen sowie zur Erzeugung des Goldrubinglases verwendet.

Für Schmucksachen, zur Erzeugung von Blattgold sowie für Zahnersatz wird Gold mit Silber, Kupfer und anderen Metallen legiert, da es rein zu weich und zu teuer ist. Die Zusammensetzung der Legierung wird durch den „Feingehalt" ausgedrückt, den man in Tausendstel, Millièmes, angibt. Für Schmuckgegenstände dient meist eine Goldlegierung von 585 Tausendstel Feingehalt, d.h. 1000 Teile der Legierung enthalten 585 Teile Gold[1]).

Nach der Farbe der Legierung, die durch die Menge und Art der zugesetzten Metalle (Silber, Kupfer, Palladium, Zink, Kadmium usw.) bedingt ist, unterscheidet man Rot-, Grün-, Blau-, Weißgold u.a. Fertige Goldwaren kann man durch Beizen färben.

Goldgegenstände prüft man auf ihren Feingehalt durch die Strichprobe: Die Ware wird auf einem „Probierstein" gerieben;

---

[1]) „14-karätiges Gold". Früher diente als Goldgewicht die „Mark" (kölnische Mark = 233,8123 g), sie zerfiel in 24 Karat; 14-karätig heißt demnach eine Goldlegierung mit 14 Teilen Gold in 24 Teilen Legierung. Silber hatte eine besondere Lot-Skala.

daneben werden Goldstäbchen von bekannter Zusammensetzung, Probiernadeln, angestrichen und die Farbe der beiden Striche, die man auch mit Säuren behandelt, verglichen. Zu genaueren Prüfungen dient in den Punzierungsämtern das Abtreib-(Kuppelations-)Verfahren.

Zur Herstellung von Schmucksachen walzt man Bleche und zieht Drähte der zu verwendenden Goldlegierung. Aus diesen formt der Goldarbeiter die Schmuckteile und lötet sie zusammen. Volle Schmuckwaren, besonders Ringe, werden in Formen aus weißem Fischbein (Ossepiae) gegossen.

Doublé-Gold oder Gold-Plaqué, für wohlfeile Schmucke, besteht aus Tombak, das mit 14-karätigem Gold durch Aufwalzen überzogen worden ist. Die gebräuchlichste Art der Vergoldung ist die galvanische, bei der die Ware in ein Kaliumgoldzyanidbad gehängt und mit dem negativen Pole einer Stromquelle verbunden wird, während ein Goldblech als positiver Pol dient.

Blattgold ist zu sehr dünnen Blättchen ausgeschlagenes Gold. Es wird nebst anderen Blattmetallen (Silber, Kupfer, Aluminium) in den „Goldschlägereien" geschlagen.

Quadratische Stückchen der sehr dünn ausgewalzten Metalle schlichtet man zu vielen zwischen Pergamentblätter und schlägt die aus 150 Blättern bestehende „Form" auf einem Steinamboß mit schweren Hämmern, wodurch sich die Bleche sehr verdünnen und ausdehnen. Das Ausschlagen wird so lange und zuletzt zwischen Goldschlägerhäutchen aus dem Blinddarme des Rindes wiederholt, bis die Blättchen die gewünschte Dicke haben. Schließlich werden sie quadratisch beschnitten und in Büchlein aus Seidenpapier eingelegt. Blattgold dient zum Vergolden von Bilderrahmen, Statuen, Ornamenten, Firmenschildern usw., sowie in der Buchbinderei für Goldpressungen.

2. **Silber** (*Argentum*, Ag), seit den ältesten Zeiten hochgeschätzt, ist blendend weiß, glänzend, sehr glättbar, höchstdehnbar und hat vorzügliche Prägeeigenschaften. Blättchen von etwa 0,25 μ Dicke sind blau durchscheinend. H etwa 3, d = 10,5. Es schmilzt bei 960° und löst dann Gase auf, die es beim Erstarren spratzend aus-

stößt; reines Silber ist nur unter Sauerstoffausschluß gießbar. An reiner Luft und im Wasser verändert sich Silber nicht. Bei Gegenwart von Schwefelwasserstoff, z.B. in Wohnräumen, läuft es braun bis schwarz an, indem Schwefelsilber entsteht (Altsilber). Silber wird von Salpetersäure zu Silbernitrat, von Schwefelsäure zu Silbersulfat, von Kaliumzyanid zu Kaliumsilberzyanid gelöst. Durch Salpetersäure (Scheidewasser) kann man Silber von Gold trennen, scheiden.

Silber findet man gediegen in Form kleiner Kristalle oder haarförmig, meist begleitet von Silbererzen, z.B.: Silberglanz (Ag_2S), Rotgiltigerzen (Arsen-, Antimon- und Schwefelverbindungen des Silbers) u. Hornsilber ($AgCl$). Das meiste gewinnt man aus silberhaltigem Bleiglanz (Australien, Brocken-Hill) und aus Kiesen und Fahlerzen.

Das Silber kommt in Form von etwa 50 cm langen Barren von trapezförmigem Querschnitt, aus Südamerika auch in Gestalt von Pyramidenstumpfen, Kegeln und Scheiben, in den Handel. Das durch Abtreiben gewonnene heißt „Blicksilber", goldhaltiges „güldisches Silber". In den Affinieranstalten raffiniert man es zu Feinsilber, 999/1000. Ungeprägtes Silber heißt Bullion, alte Scheidemünze mit weniger als 50% Silbergehalt Billon.

Das Silber ist dadurch sehr entwertet worden, daß man es in großen Mengen als Nebenerzeugnis bei der Gewinnung des Goldes, des Bleis und des Kupfers erhält. Wirtschaftskatastrophen in Ländern mit Doppelwährung waren die Folge. Anderseits ermöglicht der geringe Preis seine erhöhte Anwendung für technische Zwecke.

In London, dem Hauptmarkte für Silber, wird der jeweilige Preis in d für eine oz (t.), von der Feinheit 925‰ (Standard Silber) angegeben.

Silbererzeugung 1953 in t:

Welt (ohne UdSSR)	5900
Europa	307
Nordamerika	3694
Südamerika	848

Zur Herstellung von Schmucken, Geräten, kunstgewerblichen Erzeugnissen und Münzen wird Silber stets mit Kupfer legiert. Man verwendet Silber mit 800, 835, 925 oder 935 Tausendstel Feingehalt. Nur Geräte aus dieser oder einer silberreicheren Legierung dürfen in Deutschland gestempelt werden (Gesetz vom 1.6.1888). Die Prüfung der Silberwaren auf den Feingehalt durch die Strichprobe ist ungenau. Einwandfrei ist die amtliche Probe nach Gay-Lussac.

Tulasilber nennt man Silberwaren mit dunkelgrauen Zeichnungen aus eingebranntem Schwefelsilber.

Feinsilber wird zur Erzeugung von Silberverbindungen, besonders des Silbernitrates ($AgNO_3$, Höllenstein, Lapis infernalis) benützt, das in der Heilkunde als Ätzmittel, in größter Menge aber zur Herstellung von lichtempfindlichem Brom- und Chlorsilber für photographische Platten und Papiere sowie auch zur Spiegelerzeugung verwendet wird. (Weltumsatz 1932: 250 t.) Aus etwas legiertem Silber schlägt man Blattsilber.

Die Metallwaren- und insbesondere die Chinasilberwarenindustrie (s. S. 39) versilbert auf galvanischem Wege: die Waren werden, mit dem negativen Pole einer Stromquelle verbunden, in ein Kaliumsilberzyanidbad gehängt, das durch den Strom unter Abscheidung von Silber auf der Ware zerlegt wird. Eßbesteck erhält meist 90 g Silber auf ein Doppeldutzend Eßlöffel und Eßgabeln. Als positiver Pol (Anode) dient eine Silberplatte. Silberplattierte Waren werden erzeugt, indem man Metallplatten mit Silberblechen verschweißt und zu dünnen Blechen auswalzt.

Wichtige Anwendungsgebiete des Silbers sind die Elektrotechnik (Kontakte, Sicherungen), der chemische Apparatebau und die Metalltechnik (Hartlot).

Münzen. Für jede Münzgattung ist ein gesetzlich bestimmtes Gewicht, das Rauhgewicht oder Schrot, und ein bestimmter Feingehalt, Korn genannt, vorgeschrieben. Geringe Schwankungen im Gewicht, das Remedium, die Toleranz, sind innerhalb einer bestimmten Grenze erlaubt. Durch den Umlauf werden die Münzen abgenützt; das noch für den vollen Wert zulässige Gewicht heißt Passiergewicht.

Für die Herstellung der Münzen wird die vorgeschriebene Legierung in Tiegeln geschmolzen und zu flachen Stäben, Zainen, gegossen, die zu Blechstreifen von Münzdicke ausgewalzt werden. Aus diesen Streifen stanzt man die Münzplättchen, die man sorgfältig auf ihr Gewicht prüft, justiert. Die zu schweren hobelt man ab. Die Münzplättchen werden nun schwach geglüht und mit verdünnter Schwefelsäure gebeizt, um sie blank zu machen, worauf man sie in den Prägemaschinen prägt. Die Goldmünzen bekommen vorher meist noch eine Randprägung, während der gezähnte Rand der Silbermünzen bei der Prägung selbst mit Hilfe eines die Münze umschließenden gezähnten Ringes bewirkt wird. Im Jahre 1935 wurden in den USA 43 Mio Viertel $, 16 Mio Halb $ usw. geprägt. Fälschungen von Münzen sind oft am schlechten Klange zu erkennen. Auch die genaue Bestimmung des Gewichtes und der Dichte der Legierung führt zum Nachweis der Fälschung. Die eigentlichen Silberwährungen gehören heute der Vergangenheit an.

3. **Platin,** (Pt), erst 1736 entdeckt, ist eines der kostbarsten Edelmetalle. (Preis 1956: DM 14,80 je g) Die Welterzeugung betrug 1936 etwa 10 t. Platin ist grauweiß, äußerst dehnbar und das schwerste der technisch verwendeten Metalle (d = 21,5). Es zeichnet sich durch seine Schwerschmelzbarkeit (SmP 1755°) und seine Widerstandsfähigkeit gegen chemische Einflüsse aus. Nur von Königswasser wird es langsam zu Platinchlorid gelöst. Seine Wärmeausdehnung ist fast die gleiche wie die des Glases. Platin findet sich, gemengt mit Nickel, Gold, Silber und den verwandten Platinmetallen Iridium, Rhodium und Osmium in Form von Körnern als Platinseife auf angeschwemmtem Lande im Ural (Nishnij-Tagilsk; 1 g/t), in Kolumbien, Kanada, Südafrika und Abessinien, wird aber auch als Nebenprodukt der Nickel- und Kupfererzeugung gewonnen. Der größte Produzent ist Transvaal.

Aus dem 75—85%igen Rohplatin wird in besonderen Fabriken reines Platin gewonnen, zu Barren von 3—5 kg gegossen, meist aber in Form von Blech und Draht verkauft. Platin wird in der Zahntechnik (etwa 33%) und Bijouterie, zur Herstellung von chemischen und physikalischen Gerätschaften, wie Tiegeln, Schalen, Thermoelementen, Heizkörpern, verwendet. In der chemischen Industrie dient es als Katalysator, z. B. werden Hunderte von kg bei der Salpetersäuregewinnung aus Ammoniak benützt. Feinverteiltes Platin heißt Platinmohr oder -schwamm.

Noch höher im Wert als Platin stehen Iridium (1956 1 g = DM 19,—) und Rhodium (1956 1 g = DM 18,—). Rhodiumüberzüge benützt die Schmuckwarenindustrie, Iridium erhöht, dem Platin zulegiert, dessen Härte.

4. **Quecksilber** (*Hydrargyrum*, Hg) ist das einzige bei gewöhnlicher Temperatur flüssige Metall. Es wird erst bei —39° fest, ist grauweiß und lebhaft metallisch glänzend. Bei 360° siedet es und läßt sich destillieren, wodurch man es reinigen kann. Säuren lösen es zu giftigen Salzen. Da Quecksilber schon bei gewöhnlicher Temperatur langsam verdampft und seine Dämpfe sehr giftig sind, ist es vorsichtig zu behandeln. Außer Platin, Eisen und Nickel löst es fast alle Metalle zu Amalgamen.

Fig. 1 Eisenflasche zum Versand von Quecksilber. (1/8 nat. Gr.)

Das Quecksilber kommt in Form kleiner Tröpfchen, begleitet von Zinnober vor, so bei Idria, bei Almaden, in Mexiko und Rußland. Deutschland besitzt ein Vorkommen im Obermoscheler Bezirk. Die Welterzeugung betrug 1951 4,31 kt. Es kommt in eisernen Standardflaschen (Fig. 1) zu 76 lbs (= 34,5 kg) in den Handel. In London wird der Marktpreis für eine Flasche (bottle) in £ angegeben. Er betrug Januar 1956 88 £ 7/6 s.

Quecksilber wird zur Gewinnung von Gold und Silber durch das Amalgamverfahren, für chemische Zwecke, zum Füllen von Thermo-, Baro-, Araeometern, Gleichrichtern und Quarzlampen benutzt. Letztere senden ultraviolette Strahlen aus und sind als künstliche Höhensonne bekannt. In Quecksilberdampflampen mit leuchtstoffbelegten Wandungen wird das ultraviolette Licht in sichtbares Licht umgewandelt. Sie geben eine bessere Lichtausbeute als die Metallfadenlampen. Amalgamplomben stellt der Zahnarzt durch Verreiben von Silber-Zinn-Spänen mit Quecksilber her. Aus Quecksilber stellt man ferner her: a) das Knallquecksilber, das zum Füllen der Sprengschnüre und Zündkapseln dient, heute allerdings vielfach durch Bleiazid verdrängt ist, b) Zinnober und Schiffsbodenfarben, c) das in der Heilkunde benutzte Kalomel (Quecksilber 1-Chlorid, HgCl), und d) das höchst giftige Sublimat (Quecksilber 2-Chlorid, $HgCl_2$), dessen wässerige Lösung (0,1 %) ein vorzügliches Desinfektionsmittel ist. Quecksilbersalze dienen ferner als Beize in der Hutmacherei, organische Quecksilberverbindungen als Saatgutbeizen.

B. Unedle Schwermetalle

1. **Eisen und Eisenwaren.** Das Eisen (*Ferrum*, Fe) ist das wichtigste und unentbehrlichste Metall und gleichzeitig eine der bedeutendsten Waren der Welt. Es ist einer der Grundpfeiler des Verkehrs, der Industrie, ja der gesamten Wirtschaft. Aus Eisen sind unsere Werkzeuge und Waffen, aus Eisen bauen wir unsere Bahnen, Schiffe, Brücken, Maschinen und Wolkenkratzer. Seine überragende Bedeutung drückt sich in der Erzeugungsmenge aus und geht am auffallendsten aus der großen Steigerung seiner Gewinnung hervor, die mit dem gewaltigen Verbrauch für Maschinen-, Eisenbahn- und Schiffsbau und für Bauzwecke aller Art zusammenhängt. Die jährliche Eisenerzeugung hat sich seit Beginn des 19. Jahrhunderts mehr als verhundertfacht und stellt, was das

Roheisen anbelangt, ungefähr das 15-fache der Erzeugungsmenge aller anderen Metalle dar; ihr Wert ist wesentlich größer als der Wert der übrigen Metallgewinnung.

Eisen wird in Hochöfen aus Eisenerzen gewonnen[1]), Die wichtigsten sind: 1. Magneteisenstein (Magnetit), Fe_3O_4, UdSSR, Schweden, USA (reichstes Erz mit 63% Eisen); 2. Roteisenstein (Hämatit), Fe_2O_3, Spanien, Elba, USA (Minnesota, Michigan); 3. Brauneisenstein (Limonit), $Fe_2O_3 \cdot H_2O$; besondere Arten: die in mächtigen Lagern in Lothringen und Luxemburg liegenden Minette-Erze (Jahresförderung 20 Mio t), und die verhältnismäßig armen, aber in großem Maßstab abgebauten Doggererze (Baden, Württemberg, Franken) und die Salzgitter-Erze. Zur Verhüttung der armen deutschen Erze mußten neue Verfahren entwickelt werden (Krupp-Rennverfahren und saures Schmelzen); 4. Spateisenstein (Siderit), $FeCO_3$, Siegerland, Steiermark (Erzberg bei Eisenerz), Kärnten, mit Kohle gemischt als Kohleneisenstein in Westfalen und England.

Reines Eisen kann man wegen seiner Weichheit und Schwerschmelzbarkeit nur für besondere Zwecke verwenden. Die zahlreichen Sorten des technisch brauchbaren Eisens enthalten auch andere Grundstoffe, die mitunter schon in sehr geringen Mengen einen großen Einfluß auf die Eigenschaften der Eisensorten ausüben: Kohlenstoff, Silizium, Mangan und viele andere. Die Eisensorten sind als Legierungen von Eisen mit diesen Elementen aufzufassen. Von ihnen übt der Kohlenstoff den wesentlichsten Einfluß auf die Eigenschaften des Eisens aus, und nach der Höhe des Kohlenstoffgehaltes unterscheidet man zwei Hauptgruppen: Roheisen und schmiedbares Eisen.

Folgende Übersicht soll die Unterscheidung der zahlreichen Eisensorten erleichtern:

---

[1]) Näheres in „Eisenhüttenkunde", Sammlung Göschen Nr. 152 u. 153.

Technisch verwendetes Eisen

a) Roheisen
1. Graues Roheisen
2. Weißes Roheisen
3. Eisenmangane

b) Schmiedbares Eisen
1. Schweißeisen
2. Flußeisen
Flußschmiedeeisen Flußstahl

Stahl ist also eine härtbare Art des Schmiedeeisens. Heute bezeichnet man jedoch alles Flußeisen als „Stahl" (steel, acier), einerlei ob es härtbar ist oder nicht.

*a) **Roheisen*** ist die aus den Erzen im Hochofen erzeugte Ware. Es enthält 2,3—6% C, ist spröde, nicht schmiedbar und nicht schweißbar, schmilzt bei 1100 bis 1300° ohne vorher zu erweichen und läßt sich nur durch Gießen formen. d im Mittel 7,25. Seine Zugfestigkeit ist gering. Je nach der Art des Hochofenbetriebes gewinnt man Handelssorten für verschiedene Zwecke:

1. Graues Roheisen, in langen Barren von halbrundem oder trapezförmigem Querschnitt, Masseln, Gänze, Flossen genannt. Es ist auf der Bruchfläche grau, roh und porig, von grobkristallinischem Gefüge und zeigt zahlreiche eingestreute Graphitblättchen. Nach der Korngröße unterscheidet man verschiedene Nummern. Da es sich gut gießen läßt, heißt es auch Gußeisen oder Gießerei-Roheisen. Das halbierte, melierte, Roheisen besteht im Innern aus grauem, außen aus weißem, strahligem Roheisen.

2. Weißes Roheisen kommt meist in unregelmäßig zerbrochenen Platten von 3—8 cm Dicke in den Handel. Die Bruchfläche ist strahlig-kristallinisch (Fig. 2) bis dicht. Es enthält den Kohlenstoff chemisch gebunden und stets Mangan, ist wohl leichter schmelzbar als graues Roheisen, jedoch dickflüssig, nicht gießbar und dient nur als Rohstoff für die Erzeugung von schmiedbarem Eisen.

Fig. 2. Weißes Roheisen (1/2 nat. Gr.)

Das Spiegeleisen mit spiegelnden, häufig schillernden, zackigen Bruchflächen (Fig. 3) enthält neben 5% Kohlenstoff 10—25% Mangan und wird zur Stahlerzeugung verwendet.

Fig. 3. Spiegeleisen. (1/8 nat. Gr.)

3. Eisenmangane, Ferromangane, sind Legierungen von Eisen mit Kohlenstoff und 30—90% Mangan mit spiegelndem oder dichtem Bruche und bunten Anlauffarben. Sie gehen ausschließlich in die Stahlwerke als die vornehmlichsten Desoxydationsmittel.

Andere für die Stahlerzeugung wichtige Eisenlegierungen sind: Ferrochrom mit 50—70% Chrom, das sehr harte graue Ferrowolfram (Wolframeisen) mit 70—85% Wolfram, Ferromolybdän und Ferrotitan. — Das Zereisen ist eine „pyrophore" Legierung, die beim Ritzen oder Schlagen starke Funken gibt und als Zünd- oder Auermetall für Feuerzeuge dient. Es enthält neben Eisen etwa 70% Zer.

Roheisen wird auch nach den Erzeugungsorten und Hüttenwerken benannt: z.B. rheinisch-westfälisches, Lothringer, Siegener, steirisches Roheisen.

Roheisenerzeugung in Mio t, 1955:

Welt	190
Europa	101
USA	71
BR	16

Die Eisenerzeugung der USA wird hauptsächlich von folgenden Gesellschaften beherrscht, deren Sitz Pittsburgh ist: 1. United Steel Co., 2. Bethlehem Steel Co., 3. National Steel Co., 4. Republic Steel Co.

b) Schmiedbares Eisen wird aus Roheisen erzeugt. Beim Erhitzen erweicht es und schmilzt schwerer als das Roheisen (1300—1500°). Weißglühend ist es bildsam und läßt sich schmieden und schweißen. Es enthält nur 0,05 bis 1,8% Kohlenstoff und höchstens 0,5% Silizium und ist sehr fest. Phosphor oder Schwefel dürfen nur in sehr geringer Menge vorhanden sein. Ersterer macht das Eisen bei gewöhnlicher Temperatur spröde, „kaltbrüchig", letzterer ruft schon bei 0,1% „Rotbruch" hervor: das Eisen ist im glühenden Zustande spröde.

Nach der Art der Erzeugung des schmiedbaren Eisens unterscheidet man das ältere Schweißeisen, das heute keine Bedeutung mehr hat, und das moderne Flußeisen. Während Schweißeisen nur als zäher, durch Schmieden verschweißter Teig erhalten wurde und schlackehaltig war, wird das Flußeisen bei hohen Temperaturen im flüssigen Zustande gewonnen und ist, da sich die leichte Schlacke vom Eisen trennt, schlackefrei. Sein Bruch ist gleichmäßig, körnig bis feinkörnig. Flußeisen mit weniger als 0,5% Kohlenstoffgehalt heißt Flußschmiedeeisen oder Flußeisen im engeren Sinne, wohl auch Weichflußeisen. Enthält es mehr als 0,5% C, so ist es hart und elastisch und heißt Flußstahl. Bei der Entstehung nimmt Flußeisen Gase auf, die beim Erstarren Blasen bilden und oft große Hohlräume, Lunker und Sprünge verursachen. Durch Zusatz von Aluminium bekommt man dichte Stücke.

Nach der Herstellungsart unterscheidet man:

α) Bessemerstahl und Bessemereisen, durch Entkohlen von Roheisen in der Bessemer-Birne durch Einblasen von Luft (Windfrischen) nach dem „sauren Verfahren" erzeugt, wird in Blöcken (Ingots) geliefert. Das Bessemerverfahren vermag 10 t Roheisen binnen 20 Minuten in schmiedbares Eisen überzuführen.

β) Thomasstahl wird gleichfalls in der Bessemer-Birne, jedoch unter Zugabe von Kalk und Magnesit, nach dem „basischen Verfahren" erzeugt. Hierzu ist ein siliziumarmes, manganhaltiges Roheisen mit etwa 1,8% Phosphor notwendig. 1935 wurden etwa 50% des deutschen Stahles nach dem Thomasverfahren gewonnen.

Die „Thomasschlacke" (siehe S. 99) ist ein wertvolles Nebenerzeugnis.

γ) Martinstahl und Martineisen gehören zu den wichtigsten Arten schmiedbaren Eisens. Sie werden durch Zusammenschmelzen von Roheisen mit Alteisen (Schrott) in Flammöfen mit Siemensscher Regenerativ-Gasfeuerung erzeugt. Das Martineisen wird in Blöcken gegossen und eignet sich ganz besonders auch für den Formguß, sowie zur Schienen-, Träger- und Blecherzeugung. Ein besonders reines, sehr kohlenstoffarmes Eisen ist das Armco-Eisen. Sehr rein ist ferner das schwedische Holzkohleneisen, ihm gleichwertig das im Trommelofen aus Kiesabbränden gewonnene Stürzelberger Eisen.

Rohstahlerzeugung 1955 in Mio t:
(aus Roheisen und Schrott)

Welt	269
USA	106
UdSSR	45
BR	21

Durch Zusatz gewisser Metalle erhält man aus Rohstahl Spezial- oder Edelstähle. Gewöhnlich geht man von Martineisen aus, das man mit Ferrochrom, Ferrowolfram oder anderen Ferrolegierungen zusammenschmilzt, was früher in Graphittiegeln geschah (Tiegelgußstahl oder kurz Gußstahl), heute jedoch in großem Maßstabe vorwiegend in Elektroöfen (Elektrostahl), wobei man sich der Schmelzwirkung starker elektrischer Lichtbögen bedient. (Verfahren von Stassano, Keller, Kjellin u. a.)

α) Nickelstahl, mit einem Nickelgehalte von 3% und mehr, zeichnet sich durch höchste Zugfestigkeit (bis 120 kg auf 1 mm^2) und Zähigkeit aus und wird besonders zu Panzerplatten, Kanonen, Schiffswellen und -schrauben sowie für Gewehrläufe benutzt. β) Manganstahl (12—14% Mangan), aus Ferromangan erzeugt, hat große Härte und Festigkeit, ist aber nicht gut schmiedbar.

γ) Chromstahl, mit 0,2 bis 15% Chromgehalt, ist sehr hart und rostet nur wenig. δ) Wolframstahl, mit wechselndem Wolframgehalt, dient zur Herstellung der Schnelldrehstähle, weil er nicht weich wird, wenn er sich bei der Arbeit erhitzt. Bohrer, Feilen, Prägestempel, Kugellager usw. werden aus Chrom- und Wolframstahl hergestellt. ε) Chrom-Nickelstähle, z. B. mit 18% Cr und 8% Ni, zeichnen sich durch hervorragende Rostbeständigkeit aus (nichtrostender Stahl, 18-8-Stahl, V2A-Stahl, Nirosta u. a.).

Guter Stahl soll möglichst gleichmäßiges, feines Korn haben, der beim Glühen und Löschen entstehende Glühspan soll sich leicht ablösen.

Zur Unterscheidung der verschiedenen Eisen- und Stahlsorten und zur Prüfung ihrer Güte untersucht man angeschliffene und angeätzte Oberflächen mit einem Metallmikroskop.

Für die praktische Prüfung verwendet man 1. die Schmiedeprobe: Im rotglühenden Zustande muß sich Schmiedeeisen beliebig biegen und hämmern lassen, ohne Sprünge zu zeigen; 2. die kalte Biegeprobe: Ein unter dem Hammer zu einer Scheibe ausgehämmertes Stück wird nach raschem Abkühlen zweimal zusammengebogen und gehämmert und darf nicht springen; 3. die Kerbbiege- und Kerbschlagprobe; 4. die Prüfung auf Zugfestigkeit; 5. die Prüfung auf Torsionsfestigkeit.

c) Erzeugnisse aus Eisen und Stahl werden durch Gießen: Gußwaren, oder durch Schmieden: Schmiedewaren, hergestellt.

1. **Gußwaren** gießt man aus Gußeisen und Stahl in Hohlformen. Diese sind zumeist aus Sand und heißen auch verlorene Formen, weil sie mit eigenen Modellen für jeden Guß neu hergestellt werden müssen. Seltener benützt man bleibende, mehrere Male verwendbare Formen aus Eisen (Kokillen). In ihnen kühlt sich das Gußstück rasch ab, wodurch es eine harte Oberfläche bekommt: Hartguß oder Kokillenguß, für Walzen, Weichen, Geschosse u. a. Das geschmolzene Eisen wird in

die Form gegossen, nach dem Erstarren durch Zerschlagen oder Auseinandernehmen der Form freigemacht und gereinigt. Häufig muß die Oberfläche in der Gußputzerei mit entsprechenden Werkzeugmaschinen abgehobelt, abgedreht, abgeschliffen, gefräst usw. werden.

Nach DIN 1691 unterscheidet man: Bauguß und Handelsguß (Säulen, Fenster, Herde, Heizkörper, Rohre), Fein- und Kunstguß, Maschinenguß, Hartguß, säure-, alkali- und feuerbeständigen Guß.

Schmiedbarer Guß wird durch andauerndes Erhitzen von Gußstücken aus Weißeisen in Oxydationsmitteln (meist Eisenoxydpulver) erzeugt, was man Tempern oder Glühfrischen heißt.

Aus Stahlguß werden große Geschütze, Maschinenteile, Glocken, Waggonräder u. a. angefertigt.

2. **Schmiedewaren** erzeugt man aus schmiedbarem Eisen durch alle Arten des Schmiedens, also durch Hämmern, Pressen, Walzen, Ziehen und Drücken. Dazu zählen folgende Waren:

α) Bleche werden aus glühenden Brammen in Walzwerken gewalzt und meist rechteckig zugeschnitten. Man unterscheidet zunächst Grobbleche und Feinbleche, ferner Brückenbleche, Schiffsbleche, Kesselbleche, Schwarz- oder Sturzbleche usw. Weißblech ist verzinntes Feineisenblech für Konservenbüchsen und Klempnerwaren, die dünnste Sorte heißt Senkerblech, sehr stark verzinnte Ware Brillantblech. Feuerverzinktes Eisenblech ist an den eisblumenartigen Figuren zu erkennen, die seine Oberfläche zeigt. Stahlbleche dienen zum Bau elektrischer Maschinen sowie für Uhrfedern und Schreibfedern, starke Platten, aus Gußstahl und Nickelstahl gewalzt, als Panzerplatten.

β) Weicheisenstäbe, Stabeisen, werden in Kaliberwalzwerken gewalzt, deren Walzen Ausschnitte haben, die dem Querschnitt der zu erzeugenden Stäbe entsprechen. Man unterscheidet Quadrat-, Vierkant-, Flach-, Band- und Rundeisen, ferner die als Fassoneisen bezeichneten Stäbe von besonderen Querschnittsformen, wie 6- und 8-kant-, Z-, U-, Winkeleisen u. a. Dünne Stäbe bis 7cm² Querschnitt nennt man Klein- oder Feineisen, dickere Stäbe Grobeisen; sie werden vorzüglich vom Bauschlosser verarbeitet. Stahlstäbe werden ebenfalls in mannigfacher Querschnittsform gewalzt und dienen zum Schmieden von Feilen, Sensen und anderen Werkzeugen. In großen Mengen werden Träger für Bauzwecke und Eisenbahnschienen aus Flußeisen gewalzt. Die wichtigsten Träger sind das Winkeleisen, das U-Eisen, der T- und der Doppel-T-Träger.

γ) Grober Draht wird gewalzt und heißt Walzdraht. Feinerer Draht wird durch Ziehen von Walzdraht durch entsprechende Löcher einer Stahlplatte erzeugt. Gewöhnlicher Draht hat runden, Fassondraht drei- bis viereckigen oder anders geformten Querschnitt. Die Drähte werden, zu „Ringen" gerollt, verkauft. Die Nummern geben die Dicke des Drahtes in 0,1 mm an. Man mißt sie mit der Drahtlehre (Fig. 4). Eisendraht aus Weicheisen dient zum Binden, zur Herstellung von Drahtsieben und Geflechten, von Drahtstiften und Drahtseilen. Dünner, weicher Draht heißt Blumendraht. Zum Schutze gegen Rost wird der Draht oft verzinkt oder verbleit. Aus Stahldraht erzeugt man Klaviersaiten, Nähnadeln und starke Seile für Schiffe, Aufzüge, Förderschalen, Seilbahnen usw. Die Drahterzeugung hat ihren Hauptsitz in Westfalen, Thüringen, Nürnberg und im Schwarzwald. St. Ägyd (Nieder-Österreich) erzeugt vorzügliche Drahtseile.

Fig. 4. Drahtlehre. (1/4 nat. Gr.)

δ) Röhren werden gegossen oder aus Flußeisen durch Ziehen oder Walzen hergestellt. Grobblechstreifen werden glühend zu Röhren gebogen, deren Ränder man verschweißt. Nahtlose Röhren stellt man durch Ausbohren von Rundeisenblöcken und darauffolgendes Ausziehen her. Die gleichfalls nahtlosen Mannesmannröhren walzt man in eigenartigen Maschinen durch Schrägwalzen aus einem glühenden Eisenblock.

ε) Eigentliche Stahlwaren nennt man die zahllosen Erzeugnisse der Kleineisenindustrie und Stahlwarenindustrie, die besonders in Solingen und Remscheid, im Thüringer Walde und an vielen anderen Orten Deutschlands, in Steiermark, Kärnten und Nieder- und Oberösterreich ihren Sitz hat. Haupterzeugnisse: Werkzeuge aller Art, besonders Meißel, Beile, Sägen, Instrumente, Messer, Waffen, Sicheln und Sensen, Feilen, Nähnadeln, Schreibfedern, Schlittschuhe, Fahrradbestandteile, Schlösser usw.

2. **Kupfer** (*Cuprum*, Cu) ist eines der am längsten bekannten und technisch wichtigsten Metalle. Es ist ausgezeichnet durch schöne rote Farbe, hohe elektrische Leitfähigkeit, in welcher Hinsicht es nur von Silber übertroffen wird, und durch hohe Wärmeleitfähigkeit, die 7mal besser ist als die des Eisens. Es ist weich und geschmeidig und gut verformbar. $H = 3$, $d = 8{,}9$.

Kupfer schmilzt bei 1083°. Mit anderen NE-Metallen gibt es gut gießbare Legierungen: mit Zinn Bronze, mit Zink Messing, mit Zink und Nickel Neusilber[1]).

Kupfer ist gut korrosionsbeständig. In feuchter Luft bildet sich auf ihm ein grüner Überzug, die Patina, die in schwefeldioxydreicher Industrieluft aus basischem Kupfersulfat, in reiner Luft aus basischem Karbonat besteht und an Kupferdächern und Bronzestandbildern beobachtet werden kann. Davon wohl zu unterscheiden ist der Grünspan, der durch Einwirkung von Essig auf Kupfer entsteht.

In gediegener Form kommt Kupfer u.a. am Oberen See im Staate Michigan (USA; Kalumet- und Heklagrube) vor. In Form seiner sulfidischen Erze: Kupferkies ($CuFeS_2$), Buntkupferkies, Kupferglanz ist es weit verbreitet. Auch der Atakamit, ein basisches Kupferchlorid, ist als Erz von Bedeutung. Größere Erzlager besitzen: Belgisch Kongo (Katanga), Rhodesien, USA

[1]) Siehe S. 38.

(Montana, Butte), Finnland (Outokumpo), Schweden (Falun, Boliden), Spanien (Rio tinto), Japan, Chile (Atakamawüste), Bolivien, Australien, die UdSSR (Ural). In Deutschland baut man Kupferschiefer im Mansfeldischen und weitere Vorkommen bei Goslar ab. Noch Erze mit 1% Kupfer sind abbauwürdig.

Die Verhüttung des Kupfers geht meist über das sog. Steinschmelzen, wobei als erstes angereichertes Produkt ein ,,Kupferstein" erhalten wird, der neben 35—40% Kupfer noch Eisen und Schwefel enthält. Beim ,,Verblasen" des Kupfersteines werden Schwefel und Eisen verbrannt, und man erhält ein Schwarzkupfer mit 96—98% Metall, welches im Flammofen weiter raffiniert wird. Das 99 prozentige Raffinadekupfer, das noch Edelmetalle sowie Arsen, Antimon und Wismut enthält, welche die Leitfähigkeit beeinträchtigen, unterwirft man der Elektrolyse. Man gießt aus ihm Platten, die man als Anoden in saure Kupfersulfatlösung einhängt. Unter der Stromeinwirkung lösen sie sich auf, und gleichzeitig scheidet sich auf dünnen Kupfer-Mutterblechen, die als Kathoden dienen, sehr reines Elektrolytkupfer ab. Als wertvolles Nebenprodukt fällt der edelmetallhaltige Anodenschlamm an. Die Kupferkathoden werden im Flammofen eingeschmolzen und auf Drahtbarren (wirebars), Rundknüppel (billets) oder Walzplatten (flat cakes) vergossen. Handelsformen des Hüttenkupfers sind: Gußblöckchen (ingots), Kerbblöckchen (ingot-bars), Preßknüppel, Walzplatten.

Die Kupferwelterzeugung war 1955 3,1 Mio t. Etwa die Hälfte wird als Reinkupfer verwendet, die andere Hälfte zu Legierungen verarbeitet. Die Elektroindustrie nimmt 50% des erzeugten Kupfers auf.

Kupferblech wird aus Hüttenkupfer durch Walzen in Dicken von 0,1—5 mm in verschiedenen Härtegraden hergestellt; normale Größe 1 × 2 m. Es dient als Dachbelag und Schiffsbekleidung sowie für Kessel und Behälter, besonders der chemischen und der Nahrungsmittelindustrie. Kupferrohr, z.B. für Heizschlangen, wird nahtlos hergestellt. Kupferdraht wird für Leitungszwecke, namentlich für Straßenbahnen, Telefon- und Telegrafenkabel, in großem Umfange gebraucht und in endlosen Ringen und auf Lieferrollen in Durchmessern von 0,03—10 mm geliefert.

Dünn versilberten oder vergoldeten Kupferdraht verwendet man als leonischen Draht für Silber- und Goldbrokat.

3. **Blei** (*Plumbum*, Pb) ist blaugrau, an frisch geschnittenen Flächen metallisch glänzend, sehr weich (H = 1,5) und läßt sich mit dem Messer schneiden. d = 11,4. Für die Verwendung kommen seine hohe Geschmeidigkeit, leichte Schmelzbarkeit (327°), seine gute Gießbarkeit und seine Unangreifbarkeit durch Schwefelsäure in Betracht. An der Luft oxydiert sich das Blei oberflächlich und läuft grau an; geschmolzen verwandelt es sich in Bleioxyd (PbO), das pulverig als gelbes Massicot und als rötliche Bleiglätte in den Handel kommt. Durch längeres Erhitzen entsteht die sauerstoffreichere Verbindung Mennige (Minium, Pb_3O_4) (s. S. 78).

Alles Blei wird aus Bleierzen gewonnen, besonders aus dem Bleiglanz (Galenit, PbS), der in Westfalen, im Harz, in Sachsen, in Kärnten, in England usw. vorkommt. Die größten Hüttenwerke stehen in Australien (Brocken Hill), Nordamerika (Kolorado) und in Spanien (Murcia, Almeria). Das Rohblei enthält häufig Silber,

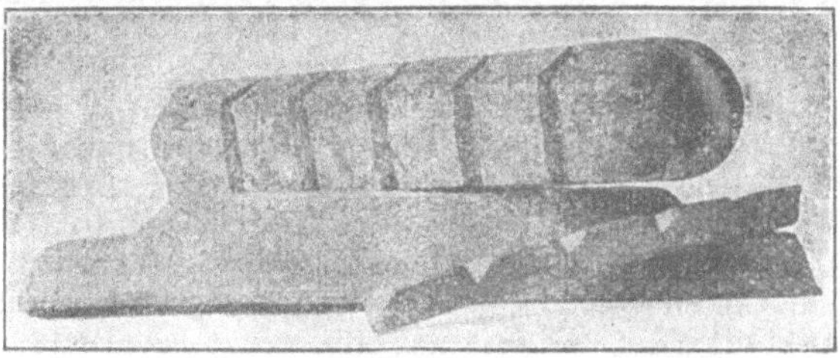

Fig. 5. Bleimollen und Stangenblei. (¹/₈ nat. Gr.)

das aus ihm gewonnen wird. Das Kauf- oder Werkblei (Hüttenweichblei) kommt in großen Barren (Bleimollen) von etwa 48 kg oder in dreikantigen Stangen auf den Markt (Fig. 5). Die Handelssorten werden nach den Gewinnungsorten oder Hüttenwerken benannt. Nach DIN 1719 unterscheidet man: Feinblei 99,985, Hüttenblei 99,94, Hüttenblei 99,90. Die Zahlen geben den Mindestbleigehalt an. Eine Sonderqualität ist das Elektrolytblei 99,99. Antimonhaltiges Blei heißt Hartblei.

Die Welt-Bleierzeugung betrug 1955 1,7 Mio t. USA, Mexiko, Australien und Kanada lieferten zusammen etwa 60%.

Durch Walzen des Bleies werden Bleche erzeugt. Sie dienen zum Bau der Schwefelsäure-Bleikammern, zum Auskleiden von Teekisten usw. Die Elektrotechnik verwendet Blei für Akkumulatoren, zum Überpressen von Kabeln und für Bleisicherungen. Mit Pressen stellt man Bleiröhren für Wasserleitungen her, die meist innen verzinnt oder geschwefelt werden. Plomben für Bahnwagen, Säcke usw. werden heute durch Eisenblechplomben ersetzt. Mit Zinn legiert, dient Blei zum Gusse kleiner Gegenstände, z. B. Bleisoldaten (Nürnberg und Fürth). Andere Legierungen s. S. 39. Von dem Bleiverbrauch entfallen etwa 40% auf Kabelmäntel, 2% auf Farben (S. 74, 77, 78), 15% auf Akkumulatoren und 25% auf andere Verwendungen.

4. **Zink** (*Zincum*, Zn) ist das nach dem Eisen wohlfeilste Schwermetall. Es ist lichtblaugrau. d = 7,2. Bei gewöhnlicher Temperatur ist es spröde, doch wird es bei 100—150° dehnbar. Es schmilzt bei 420° und ist vorzüglich gießbar. Sein SP liegt bei 907°. An feuchter Luft wird Zink durch Bildung einer dünnen Oxydschicht grau. Säuren lösen es leicht, seine Salze sind giftig, daher ist es für Kochgeräte unverwendbar.

Das wichtigste Zinkerz ist die Zinkblende (ZnS). Die Lagerstätten von Galmei ($ZnCO_3$) sind meist abgebaut. Franklinit ($ZnO \cdot Fe_2O_3$) hat für die USA Bedeutung. Zinkblende kommt in Oberschlesien, im Harz, im Rheinland, in Sardinien, Serbien und Skandinavien vor. Aus den mit Bleiglanz, Schwefelkies und Kupferkies verwachsenen, sog. komplexen Erzen werden durch „Flotation“ (Schwimm-Aufbereitung) Blendekonzentrate gewonnen. Zur Verhüttung wird die Blende zunächst abgeröstet. Aus der erhaltenen „Röstblende“ (Zinkoxyd) gewinnt man das Zink entweder durch Reduktion mit Kohle oder durch Laugung und Elektrolyse (1947 46,5%). Die Reduktion erfolgt in Retorten (Muffeln). Das gebildete Zink geht als Dampf über und wird in Vorlagen aufgefangen, wo es sich verflüssigt. Ein Teil schlägt sich als Staub nieder. Die Zinksorten sind nach DIN 1706 genormt. Hüttenzink kann bis 2,4% Blei enthalten. Feinzink muß einen Gehalt von 99,9% Zink haben. Das New-Jersey-Verfahren, eine fraktionierte Destillation, und die Elektrolyse liefern Feinzink von 99,99% (Vierneunerzink). Diese Reinheitsstufe wird von Zink gefordert, das auf Legierungen verarbeitet werden soll. „Umschmelzzink“ wird durch Umschmelzen von Altzink erhalten.

Die Welterzeugung an Zink betrug 1955 (ohne UdSSR) 2330 kt. Die USA erzeugten 870 kt. 100 kg kosteten Juli 1950 DM 176,—.

In der chemischen Industrie benutzt man Zink in gekörntem (granuliertem) Zustand und als graues Pulver, Zinkstaub.

Zinkblech verwendet man in großen Mengen zur Herstellung von Dachrinnen, Regenfallrohren, Verkleidungen, Maueranschlüssen und für Druckplatten (Zinkographie). Zinkbecher dienen als Elektroden für Taschenlampenbatterien. Die wohlfeilen Zinkgußwaren werden häufig, dünn verkupfert, als unechte Bronzen bezeichnet. Feinzinklegierungen mit 4% Aluminium und bis 1% Kupfer werden vor allem im Druckguß verarbeitet (Druckguß, früher als Spritzguß bezeichnet, ist ein Massenfertigungsverfahren, nach dem selbst kompliziert geformte Gußteile in einem Arbeitsgange gefertigt werden können). Zinkdruckgußteile sind z.B.

im Kraftfahrzeugbau, in der Elektroindustrie, als Kühlschrankbeschläge usw. zu finden.

Sehr viel Zink verwendet man zum Verzinken von Blechen, Rohren, Drähten, Geschirren u.a.m. aus Eisen und Stahl, da es einen vorzüglichen Rostschutz bildet. Aus verzinktem Wellblech errichtet man leichte Bauten. Bei der Feuerverzinkung taucht man gebeiztes Eisen in geschmolzenes Zink. Galvanisch verzinkt, d.h. elektrolytisch mit Zink überzogen, werden Kleinteile, wie Schrauben, Muttern, Radiobestandteile u.a.m. Der Rostschutz der galvanischen Zinküberzüge wird noch durch Tauchen in Chromatlösungen, ,,chromatieren", verbessert (gelbe oder irisierende Färbung!). Auch mit der Schoop'schen Spritzpistole wird viel verzinkt.

5. **Zinn** (*Stannum*, Sn) ist fast silberweiß, weich, sehr dehnbar, an der Luft unveränderlich und nicht giftig, was für seine Verwendung in der Lebensmittelindustrie von ausschlaggebender Bedeutung ist. Reines Zinn läßt beim Biegen ein kennzeichnendes Knirschen, Zinngeschrei, hören. d = 7,3. Es schmilzt bei 232°, wird aber erst dann gut gießbar, wenn man etwas Blei zusetzt. Schon das graueste Altertum kannte das Zinn in seiner Legierung mit Kupfer, ,,Erz" oder Bronze genannt. Das einzige Zinnerz, das in Betracht kommt, ist der Zinnstein, Kassiterit, SnO_2, der zuerst in Cornwall in England (,,Zinninsel" des Altertums) gewonnen wurde; heute wird Zinnerz nach England eingeführt. Die wichtigsten Produktionsländer sind die Malayenstaaten, Indonesien (Banka und Billiton) und Bolivien. Durch Reduktion mit Kohle in Schacht- oder Flammöfen wird Rohzinn gewonnen; durch vorsichtiges Schmelzen auf Herden mit geneigter Sohle erhält man reines Blockzinn, das meistens in Blöcken, Ingots, von 25—50 kg Gewicht (Fig. 6) oder in Barren, bars, verkauft wird. Die größte Zinnhütte der Welt steht auf Pulo brani bei Singapore. Wichtige Handelssorten sind: Straits und Bankazinn und billigeres Hüttenzinn. Das Metall kommt auch in fingerdicken Stangen, Stangenzinn (oft bleihaltig),

Fig. 6. Zinnblöcke aus Billiton, Banka und Penang. (1/8 nat. Gr.)

und, zu Blech gewalzt, als Rollzinn zum Verkauf.

Die Zinn-Welterzeugung betrug 1955 180 kt. Davon entfielen 40% auf Malaya, u. je etwa 16% auf Großbritannien u. die Niederlande.

Notierungen 1957: London 795 £ je longt, Neuyork 103 cts für 1 am. lb.

Aus Zinn mit etwas Antimon erzeugt man durch Walzen Zinnfolie, Stanniol, das zum Einpacken von Lebensmitteln, besonders von Käse dient, heute allerdings von Aluminiumfolie verdrängt wird. Aus dickerer, stark bleihaltiger Zinnfolie werden Flaschenkapseln gepreßt. Zinn dient in größter Menge zum Verzinnen des Eisens. Verzinntes Blech, Weißblech genannt, wird hauptsächlich zu Konservenbüchsen verarbeitet. Es wird entweder durch Tauchen in geschmolzenes Zinn oder durch galvanische Abscheidung erzeugt. Auch Zinnlegierungen werden galvanisch auf Eisen oder Kupferlegierungen aufgebracht, z.B. das Speculummetall (Zinn-Kupfer), das silberähnliche Farbe hat. Ferner dient Zinn zum Weißsieden von Stecknadeln u. dgl. und, mit Blei legiert, als Weich- oder Schnellot zum Löten. Früher wurden vom Zinngießer Becher, Teller u. a. gegossen; heute gießt man aus Zinn-Blei-Legierungen Zinnsoldaten, Krugdeckel, Köpfe der Sodawasserflaschen, Orgelpfeifen, Röhren, Tuben und andere Waren. Viel Zinn wird auch für Lagermetall und zur Herstellung chemischer Verbindungen verwendet, z. B. Zinnchlorid, $SnCl_4$, das mit Hilfe von Chlor von Weißblech-Abfällen abgezogen wird, Pinksalz (Ammoniumzinnchlorid), Zinnoxyd, SnO_2 (Glastrübung). Organische Zinnverbindungen werden Kunststoffen zugesetzt.

6. **Nickel** (Ni) erst seit etwa 100 Jahren industriell verwertet und heute hochgeschätzt, ist gelblich-silberweiß, an der Luft unveränderlich, gut dehnbar und hart wie Schmiedeeisen. SmP 1450°, d = 9. Ni ist magnetisch. 90% des Nickels werden aus den kanadischen Magnetkiesen gewonnen, obzwar diese Erze nur 1—3% Ni enthalten. Garnierit ist kieselsaures Nickel-Magnesium (Neukaledonien); er wird besonders in England verhüttet. Neuerdings hat auch das Nickelerz von Petsamo Bedeutung erlangt. Die Nickelerzeugung betrug 1950 170 kt.

Die verwickelten Hüttenverfahren ergeben zunächst Rohnickel, das man durch Elektrolyse auf Reinnickel (98—99%) verarbeitet. Unreines Metall kommt in kleinen Würfeln, das reine Metall in Platten, Stangen oder Barren auf den Markt. Mit Kohlenmonoxyd (CO) gibt Nickel gasförmiges Nickelkarbonyl, $Ni(CO)_4$, das beim Erhitzen zerfällt. Auf diesem Wege gereinigtes Nickel kommt als Mondnickel in den Handel.

Aus Reinnickel und nickelplattierten Blechen werden Koch- und Tischgeräte erzeugt. Da es schön und auch an feuchter Luft unveränderlich ist, dient es in großer Menge zum Vernickeln von Waffen, Schlittschuhen, Auto- und Fahrradteilen, Näh- und Schreibmaschinenteilen, Herden, Scheren und vielen anderen Eisenwaren. Für die Vernickelung, die auf galvanischem Wege erfolgt, wurden 1933 in den USA 392 t Ni verbraucht. In einigen Ländern wird ein Teil der Scheidemünzen aus einer Nickel-Kupferlegierung geprägt. Nickelstahl ist besonders zäh. Invarstahl mit 35—37% Ni hat einen sehr geringen Ausdehnungskoeffizienten, Platinit mit 42—45% Ni denselben Ausdehnungskoeffizienten wie Glas. Da die Nickellegierungen schlechte Elektrizitätsleiter sind, dienen sie in der Elektrotechnik als Widerstände. Der Nickel-Hydroxyd als Anode enthaltende alkalische Edison-Akkumulator ist leichter und weniger empfindlich als der Blei-Akkumulator.

Die folgenden drei Metalle Arsen, Antimon und Wismut werden auch als Sprödmetalle zusammengefaßt.

Sie spielen im Welthandel nur eine untergeordnete Rolle.

7. **Arsen** (As), ein dunkelgraues, sprödes Metall, ist ebenso wie seine Verbindungen sehr giftig. Man erzeugt es aus Arsenkies und anderen arsenhaltigen Erzen. Durch Rösten der Erze entsteht zuerst das Oxyd, weißer Arsenik oder Giftmehl, As_2O_3, eine weiße, sehr giftige Masse (0,1 g wirken tödlich), die zur Erzeugung von Schädlingsbekämpfungsmitteln, grünen Farben sowie auch in der Glasindustrie benützt wird. Metallisches Arsen, das man durch Reduktion des Arseniks mit Kohle erhält, dient zur Bereitung des Schrotmetalles und in der Feuerwerkerei. Sehr große Mengen Arsenerze werden in Boliden am Bottnischen Meerbusen gefunden.

8. **Antimon** (*Stibium*, Sb) ist ein blaugraues, sprödes Metall, das aus Grauspießglanz, Antimonit, Sb_2S_3 gewonnen wird. Die größten Erzlager besitzt China, weniger bedeutende die Türkei und Österreich (Burgenland). Es wird in Kuchen oder Brocken verkauft, die auf der Oberfläche stern- und farnkrautartige Zeichnungen tragen und auf dem Bruch grobkristallinisches Gefüge zeigen, und dient zur Erzeugung von Lettern, Lager- und Britanniametall. Die Schrapnellkugeln sowie die Füllung der Stahlmantelgeschosse bestehen aus antimonhaltigem Hartblei.

9. **Wismut** (*Bismutum*, Bi) ist rötlichweiß, lebhaft glänzend, spröde und schwer, d = 9,8. Es wird für leicht schmelzbare Legierungen benutzt.

C. Leichtmetalle

1. **Aluminium** (Al) wurde 1827 erstmalig von *Wöhler* hergestellt. Seine fast silberweiße Farbe, Unveränderlichkeit an der Luft, Dehnbarkeit und vor allem sein geringes Eigengewicht (d = 2,7) ermöglichen eine mannigfache Verwendung. Es wird durch Elektrolyse einer Lösung von Tonerde in geschmolzenem Kryolith mit Kohlenanoden bei etwa 1000° erhalten. Tonerde (Al_2O_3, Aluminiumoxyd), nicht zu verwechseln mit Ton (Aluminiumsilikat), wird vorwiegend durch Aufschluß von Bauxit mit Soda oder Natronlauge gewonnen. Das Mineral Bauxit besteht aus Aluminiumoxydhydrat mit mehr oder weniger Eisenoxyd (roter

Bauxit) oder Kieselsäure (weißer Bauxit). Benannt ist es nach der Lagerstätte in Beaux in Südfrankreich. Es findet sich noch in Dalmatien, der Wochein, in Ungarn, USA und UdSSR; Deutschland besitzt nur ein unbedeutendes Vorkommen am Vogelsberg in Hessen. Die Gewinnung der Tonerde aus *Ton* ist technisch gelöst, doch noch unwirtschaftlich. Nach dem Sulfit-Tonerde- oder ST-Verfahren nimmt man den Aufschluß mit schwefliger Säure vor. In Italien dient auch Leucit, ein in vulkanischem Gestein vorkommendes Aluminiumsilikat, als Aluminiumrohstoff. Kryolith, ein Natrium-Aluminiumfluorid, findet sich nur in Grönland (Ivigtut). Künstlich wird er aus Flußspat gewonnen.

Die Aluminiumwelterzeugung betrug 1913 67 kt, 1929 264 kt, 1938 579 kt, 1952 1800 kt, 1955 2660 kt, erfuhr also einen ganz ungewöhnlichen Aufstieg. Al steht der Erzeugungs*menge* nach unter den NE-Metallen an zweiter, volumenmäßig an erster Stelle.

Die BR erzeugte 1955 137 kt Al. 100 kg kosteten 1957 DM 233,—. Für 1 kg Al braucht man 2 kg Tonerde oder 4 kg Bauxit, 0,05 kg Kryolith, 0,5 kg Elektrodenkohle und 20 kWh.

Hütten-Aluminium enthält 99—99,8% Al (DIN 1712). Durch Raffination erhält man Reinst-Aluminium mit bis zu 99,99% Al. Aluminium kommt in Masseln oder Barren zum Verkauf. Daraus werden Aluminiumblech und -draht, Stäbe, Röhren usw. erzeugt. In Form seiner höchst wertvollen Legierungen (siehe S. 40), die in bezug auf mechanische Festigkeit dem Baustahl fast ebenbürtig sind, wird Aluminium zum Bau von Luft- und Kraftfahrzeugen, Bahnwagen, im Motorenbau, im Schiffsbau und im Bauwesen verwendet. Die Aluminiumlegierungen sind nach DIN 1725 genormt. Mannigfach ist die Verwertung von Aluminium zur Herstellung von Apparaten, Kochgeschirren, Feldflaschen, optischen Instrumenten und verschiedenen Kleinwaren. Infolge seiner guten Leitfähigkeit dient es für Freileitungen und Stromleiter aller Art. Aluminiumfolien dienen für Verpackungszwecke, die sog. Knitterfolie „Alfol" für Isolierzwecke. Bedeutende Mengen Aluminium werden zur Desoxydation von Stahl verbraucht. Durch elektrolytische Oxydation läßt sich Aluminium mit einer harten, isolierenden und gut färbbaren Oxydschicht überziehen (Eloxal-Verfahren). Aluminiumpulver bildet einen Bestandteil von Sprengmitteln (Ammonal) und dient als Pigment. Aluminiumpulver, mit Eisenoxyd gemischt, heißt Thermit, der sich entzünden läßt und unter Entwicklung hoher Hitzegrade flüssiges Eisen und geschmolzene Tonerde gibt. Er dient daher zum Verschweißen von Schienenstößen. Ersetzt man das Eisenoxyd durch die Oxyde des Mangans, Kobalts, Wolframs, Chroms usw., so kann man diese Metalle auf einfache Weise herstellen (Verfahren von Goldschmidt). (Über Aluminiumlegierungen s. Seite 40.)

2. **Magnesium** (Mg) ist das leichteste der technisch verwendeten Metalle. ($d = 1{,}75$.) Es wird durch Schmelzflußelektrolyse von Carnallit oder Magnesiumchlorid (erhalten durch Chlorieren von Magnesiumoxyd), neuerdings auch durch Reduktion von Magnesiumoxyd mit Kohle und Abschrecken in Wasserstoff gewonnen.

Die Weltproduktion betrug 1956 etwa 150 kt.

Magnesium ist grauweiß, gut dehnbar, oxydiert an feuchter Luft und ist in verdünnten Säuren löslich. Technisch wichtig sind vor allem seine Legierungen (siehe S. 40). Handelsformen für Magnesium sind Barren, Bleche, Drähte, Bänder, Pulver. Dünne Magnesiumbänder oder gepulvertes Magnesium verbrennen mit blendendem Lichte und senden auf die fotografische Platte besonders wirksame Strahlen aus (Blitzlicht).

D. Legierungen

Legierungen werden durch Zusammenschmelzen von Metallen hergestellt und zeichnen sich durch besondere Eigenschaften (Farbe, Härte, Glättbarkeit, Gußfähigkeit usw.) aus. Oft genügen schon sehr geringe Mengen von Zusätzen, um die Eigenschaften der Metalle weitgehend zu verändern.

1. **Bronzen** (Bz) sind Kupfer-Zinnlegierungen mit mindestens 78% Kupfer, Rest Zinn. Phosphorbronze ist mit Phosphor desoxydiert. Die Bronzen zeichnen sich durch hohe Festigkeit und Korrosionsbeständigkeit aus. Bis 8% Zinn sind sie gut verformbar. Darüber ist Formgebung nur durch Gießen möglich. Aus Bronze werden Kirchenglocken, Kunstgegenstände und Gleitlager gefertigt. Walzbronzen werden in Form von Blechen, Drähten und Rohren geliefert und z.B. zu Membranen und Federn verarbeitet. Sonderbronzen enthalten neben Zinn noch weitere Metalle in kleinen Mengen.

Aluminiumbronzen mit 4—9% Aluminium sind gut korrosionsbeständig, fest und von goldgelber Farbe. Die 5- u. 10-Pfennigstücke der BR bestehen aus Eisen, das mit Aluminiumbronze plattiert wurde.

Bleibronze mit 10—25% Blei ist ein vorzügliches Lagermetall.

Berylliumbronzen sind sehr fest und elastisch. Man verarbeitet sie u.a. zu nichtfunkenden Werkzeugen und Federn.

2. **Tombak** ist ein Sammelbegriff für Kupfer-Zinklegierungen mit Kupfergehalten von 72—90%. (Ms 72 bis Ms 90.) Die goldfarbigen Legierungen dienen zur Herstellung von Musikinstrumenten und unter dem Namen Talmigold und Similor als Schmucksachen. Durch Schlagen wird unechtes Blattgold, durch Zerstoßen Bronzepulver erzeugt (Fürth, Nürnberg), das in lebhaften Farben gefärbt wird.

3. **Messing** nennt man die hellgelben, gut dehnbaren und gießbaren Kupfer-Zinklegierungen (Ms). Ms 58 bis Ms 60 ist zur Herstellung von Preßteilen geeignet. Gußmessing mit 58—67% Kupfer wird u.a. für Gas- und Wasserarmaturen verwendet und enthält dann Zusätze von Blei oder Zinn, die die spanabhebende Bearbeitung

erleichtern. Walzmessing Ms 58—Ms 63 wird, wie Tombak, in Blechen, Bändern, Drähten, Rohren, Stangen und Profilen geliefert. Es dient u.a. für Schilder, Beleuchtungskörper, Reflektoren, optische Instrumente, Drahtsiebe und Stecknadeln.

Sondermessinge enthalten neben Zink weitere veredelnde Zusätze, z.B. Mangan, Aluminium, Nickel, durch die die Festigkeit und Korrosionsbeständigkeit erhöht wird (Kondensatorrohre).

4. **Neusilber,** aus 46—66% Cu, 19—31% Zn und 13 bis 36% Ni ist silberfarbig, hoch glättbar und dient zur Erzeugung von Tafelgeräten, Kunstgegenständen und ärztlichen Instrumenten. Man nennt es auch Alpaka, Argentan, Packfong. Aus Neusilber, Messing oder Britanniametall hergestellte Tafel- und Ziergegenstände werden galvanisch versilbert und als China-, Alfenide-, Alpakasilber, Christoflemetall u.a. verkauft.

5. **Konstantan** ist eine Kupfer-Nickellegierung, die ihre elektrische Leitfähigkeit mit der Temperatur nicht ändert. — Monelmetall, eine säurefeste Cu-Ni-Legierung, enthält etwa 67% Ni.

6. **Britanniametall** enthält neben Zinn etwa 8% Antimon und etwas Cu und Zn. Es ist silberweiß, gußfähig, dehnbar und dient zur Erzeugung zahlreicher Gußwaren.

7. **Lettern-** oder **Schriftmetall,** eine Legierung aus Blei mit etwas Antimon und Zinn, ist durch Gießbarkeit und Härte ausgezeichnet und wird zum Gießen der Buchdrucklettern und Stereotypplatten verwendet.

8. **Lagermetalle** dienen für Lager von Maschinenachsen und Wellen. Man unterscheidet Maschinenbronze (Lagerrotguß) aus 80—90% Cu und 2—20% Sn (meist auch zinkhaltig) und Lagerweißmetall (Antifriktionsmetall) aus viel Zinn oder Zink mit Antimon und Blei (auch Kupfer) in sehr wechselnden Zusammensetzungen. Das von der Deutschen Bundesbahn verwendete Bahnmetall enthält neben Blei geringe Mengen Kalzium und Lithium.

9. **Duralumin,** eine Kupfer und Magnesium enthaltende Aluminiumlegierung, besitzt, durch eine Wärmebehandlung vergütet, große Festigkeit. Ähnliche Legierungen sind: Avional und Bondur.

10. **Hydronalium,** eine Al-Mg-Legierung, ist seewasserfest und gut polierbar.

11. **Silumin** ist eine Al-Legierung mit 11—14% Silizium, die sich gut gießen läßt. Durch Reduktion eines Gemisches von Tonerde, Kaolin und Quarz mit Kohle im Elektroofen wird zunächst eine 30%ige Legierung gewonnen, die mit Aluminium verschmolzen wird.

Andere Aluminiumlegierungen: Aluman, Mangal (manganhaltig), KS-Seewasser (Magnesium, Mangan), Anticorodal, Pantal (Magnesium, Silizium), Lautal (Kupfer, Silizium).

12. **Elektron,** hauptsächlich aus Magnesium bestehend, ist leichter als Aluminium (d = 1,75—2), gut gießbar, sehr fest und leicht zu bearbeiten. Man bedient sich seiner im Auto- und Flugzeugbau, zur Herstellung feiner Waagen, Linsenfassungen u. a. m.

13. Die **Heußler'schen Legierungen,** aus Aluminium, Mangan und Kupfer bestehend, sind dadurch bemerkenswert, daß sie ferromagnetisch sind, ohne Eisen zu enthalten.

II. Edelsteine und Schmucksteine

Seit den ältesten Zeiten haben die Menschen wasserhelle, schön gefärbte, lebhaft glänzende und seltene Steine als Schmuck getragen.

Ihr Wert hängt, wie bei allen Waren, von Angebot und Nachfrage ab und unterliegt starken Schwankungen. Ihre Eigenschaften werden erst durch das Schleifen voll zur Geltung gebracht. Edelsteine oder Juwelen sind meist durchsichtige, sehr harte und seltene Minerale, die fast nur in Kristallen verwendet werden. Als

Schmucksteine werden auch kristallinisch oder amorph vorkommende Minerale verwendet, die nicht alle die Edelsteine kennzeichnenden Merkmale besitzen. Ihr Wert ist geringer.

Das Gewicht der Edelsteine wird in Karat ausgedrückt. 1 Karat, früher etwa 0,206 g, ist nun mit 0,200 g festgesetzt und nach dem Dezimalsystem unterteilt. Die Eigenschaften jeden einzelnen Steines und sein Schliff haben großen Einfluß auf die Bewertung. Je größer die Steine, um so teurer werden sie pro Karat bezahlt. Die Verarbeitung von Edelsteinen und Schmucksteinen wird in Deutschland vor allem in Idar-Oberstein und Pforzheim betrieben. Haupthandelsplätze für geschliffene Edelsteine sind Paris, London und Amsterdam.

A. Edelsteine

1. Der **Diamant** war stets der geschätzteste Edelstein und spielt auch heute im Edelsteinhandel die größte Rolle. Er kristallisiert meistens in Oktaedern und ist parallel zu dessen Flächen gut spaltbar. Er glänzt lebhaft, ist oft vollkommen durchsichtig (Wasser), mitunter ganz farblos, häufiger mit gelbem Stich (Kapweiß), seltener bläulich oder grünlich gefärbt.

Er hat von allen Mineralien das größte Lichtbrechungsvermögen ($n = 2{,}43$) und erstrahlt, da er das Licht zerstreut, in prächtigen Farben, „Feuer" des Diamanten. $H = 10$, $d = 3{,}5$. Der Diamant ist reiner Kohlenstoff.

Schon in alter Zeit wurde er in Vorderindien, besonders auf dem Hochland von Dekkan bei Cuddapah, gefunden, von wo einige berühmte große Diamanten, z.B. der Kohinoor, der Regent und der Florentiner, stammen. Seit 1727 wird er in Brasilien, in den Staaten Bahia und Minas Geraes (Diamantina), aus Geröllablagerungen, Diamantseifen, gegraben. 1867 fand man die ausgedehnten Vorkommen in Südafrika (Minen des Kimberley-Distriktes). Die jüngste Fundstätte, in Belgisch-Kongo, ist mengenmäßig noch ergiebiger, liefert aber Steine geringerer Qualität (nur etwa 5% sind als Schmucksteine verwendbar). Die südafrikanischen Diamanten sind in einer blaugrünen Tuff-Gesteinsmasse eingebettet, die blauer Grund genannt wird. Die Kongo-Diamanten und die anderer Fundstätten sind alluvial.

Die Rohdiamanten werden zu Partien zusammengestellt und so den Händlern vorgelegt. Diamantenbörsen befinden sich in Amsterdam und Antwerpen.

Der größte, in Afrika gefundene Diamant ist der gänseeigroße Cullinan von über 3000 Karat.

Diamanten werden u.a. in Amsterdam, Antwerpen, New York und Hanau geschliffen. Durch geschicktes Spalten oder Sägen gibt man dem Rohstein die ungefähre Gestalt und durch gegenseitiges Reiben zweier Steine, „Graumachen", erzeugt man die Rohform. Der eigentliche Schliff der 32—58 kleinen Flächen, Facetten, erfolgt mit Gußeisenscheiben, die sich rasch drehen und mit Diamantenkorn und Öl versehen sind. Die Arbeit verlangt große Geschicklichkeit und Sachkenntnis.

Früher setzte man den Diamanten in einen halbkugeligen Napf, die Doppe, mit einer Blei-Zinn-Legierung ein. Heute bevorzugt man das Festklemmen in „mechanischen" Doppen.

Am häufigsten bekommen die Diamanten den Brillantschliff, der als Grundgestalt eine oben stark, unten wenig abgestutzte Pyramide hat und in verschiedener Weise Facetten trägt (Fig. 7). Für flache Steine wird der Rauten- (Rosetten-)Schliff verwendet (Fig. 8). Im

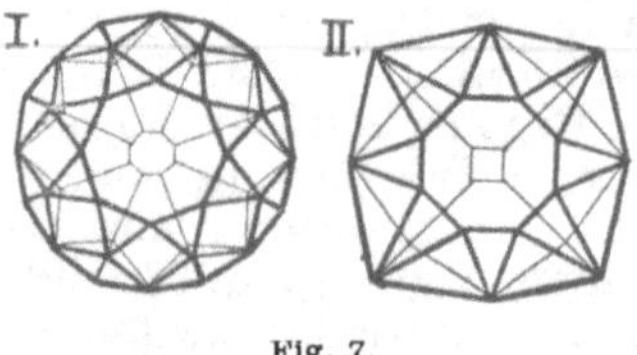

Fig. 7.
I. Gewöhnlicher Brillantschliff.
II. Sternbrillant.

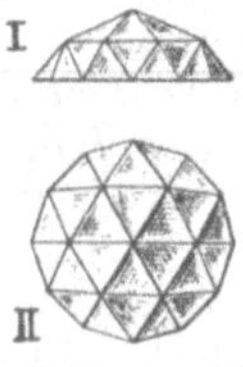

Fig. 8. Rautenschliff:
I. von der Seite, II. von oben gesehen.

Diamanthandel bezeichnet man die Steine nach der Schlifform als „Brillanten" oder als „Rosen". Der Wert eines Steines hängt, außer von der Größe, auch von Reinheit, Farblosigkeit, Feuer und Regelmäßigkeit des Schliffes ab. Große Steine heißen „Solitärs" oder „Nonpareills", kleinere haben mehrere Typenbezeichnungen, z.B. Mêlée.

Zur Nachahmung von Diamanten dienen farblose Minerale, besonders Bergkristall, farbloser Topas, Korund und geglühter Zirkon. Sie sind an ihrer geringen Härte und an ihrer Doppellichtbrechung zu erkennen. Am häufigsten benutzt man stark lichtbrechende Blei- und Thalliumglasflüsse, Straß genannt (s. S. 72), die unter verschiedenen Namen, wie Simile, Taitsdiamanten usw., verkauft werden und an ihrer geringen Härte und an ihrem hohen Eigengewicht erkenntlich sind. Am leichtesten können sie mit Feile und Ätztinte erkannt werden. Sie verlieren beim Tragen sehr bald ihren Glanz.

Bedeutende Mengen von Diamanten, die als Schmuckstücke nicht verwendbar sind, werden für Industrie-Zwecke benutzt. Die Fertigung von durchlöcherten Ziehsteinen für Drahtziehereien, von Härteprüfdiamanten und von Diamantenwerkzeugen zur Metallbearbeitung stellt die höchsten Ansprüche an die Diamantqualität. Steine bis 1 mm Größe verarbeitet man zu Bohrkronen und Glaserdiamanten. Als Diamantbort bezeichnet man unreine Kristalle und Abfallstücke. Sie dienen als hochwertiges, allen anderen Mineralen überlegenes Schleifmittel.

2. **Rubin und Saphir.** Diese beiden wertvollen Edelsteine, die in dunklen Stücken höher als Diamanten bezahlt werden, sind Abarten des Minerals Korund (H = 9, d = 4), der aus kristallisiertem Aluminiumoxyd, Al_2O_3, besteht. Rubin ist hell- bis dunkelkarminrot, taubenblutfarbig, der weniger hoch bewertete Saphir hellblau bis kornblumenblau. Ein rötlichgelber Saphir ist als „Padparadschah" bekannt. Je satter die Farbe, desto

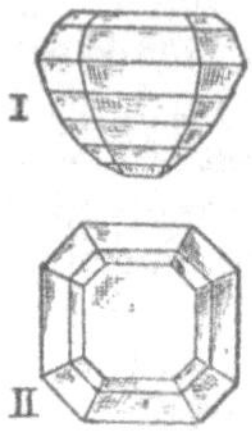

Fig. 9. Treppenschnitt: I. von der Seite, II. von oben gesehen.

wertvoller der Stein. Beide Edelsteine werden in Flußablagerungen in Oberburma und auf Ceylon, Saphire auch an anderen Orten gefunden. Außer in den Diamantschleifereien werden sie auch in Idar-Oberstein, in London und Paris im Brillant- oder Rautenschliff oder im Treppenschnitt (Fig. 9) geschliffen. Dunkle Steine, besonders für Ringe, schleift man auch gerne mugelig, *en cabochon* (Fig. 10).

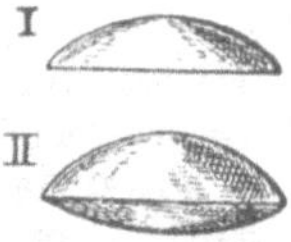

Fig. 10. I. Einfacher, II. zweiseitig mugeliger Schliff.

Rubine und Saphire sowie andere Edelsteine werden häufig durch Doubletten gefälscht, das sind geschliffene Steine, die man aus zwei Stücken zusammenkittet: einem Oberteile aus echtem Stein und einem Unterteile aus gefärbtem Glase. Rote Edelsteine, z.B. hellroter Spinell und durch Glühen rot gewordener Topas, werden öfters als Rubine verkauft. Dem Saphir wird eine dunkelblaue Abart des Turmalins unterschoben. Am häufigsten ahmt man farbige Steine durch gefärbten Straß nach.

Künstliche Rubine und Saphire werden nach dem Verfahren von Verneuil durch Schmelzen von Aluminiumoxyd mit Zusätzen (Chromoxyd, Titanoxyd) im Sauerstoffgebläse erzeugt (Bitterfeld). Sie sind den natürlichen in fast allen Eigenschaften gleich und kaum von ihnen zu unterscheiden. Unschöne Rubine und Saphire werden als Ziehsteine, Lagersteine für Uhren usw. verwendet.

3. **Spinell** (Roter und blauer Edelspinell), eine Verbindung von Magnesia und Tonerde, $MgO \cdot Al_2O_3$, kommt u.a. aus Ceylon. Vom Rubin ist er durch geringere Härte (H = 8) und Dichte (d = 3,6) zu unterscheiden. Spinell wird in mannigfachen Farben synthetisch hergestellt.

4. **Chrysoberyll** ist eine Verbindung von Beryllerde und Tonerde, $BeO \cdot Al_2O_3$ und spargel- bis olivgrün. Geschätzt sind Steine mit einem durch eine Trübung

hervorgerufenen „wogenden" Lichtschein. — Alexandrit ist im Tageslicht smaragdgrün, bei Kerzenlicht rot. H = 8,5, d = 3,7.

5. **Smaragd,** einer der kostbarsten und teuersten Edelsteine, ist die durchsichtige, sattgrüne Abart des Minerales Beryll. H = 7,5, d = 2,7. Er besteht aus Beryllium-Aluminiumsilikat. Man schleift ihn im Brillant- oder Treppenschnitt und in Tafelform. Fehlerfreie Steine sind sehr selten. Smaragd wird sehr gut durch grünes Glas nachgeahmt und heute auch künstlich hergestellt. Oft verkauft man unter seinem Namen den gelbgrünen Chrysolith, eine Abart des Olivins. Die Fälschungen sind weich. — Die meergrüne bis grünlich blaue Abart des Berylls heißt Aquamarin und wird als wohlfeiler Edelstein für modische Schmucke benützt.

6. **Topas,** ein fluorhaltiges Aluminiumsilikat, ist gold- bis honiggelb. H = 8, d = 3,5. Häufig werden gelber Zitrin (s. S. 46) oder geglühter Amethyst als Topas verkauft; Erkennung an dem geringen Eigengewichte (2,7).

7. **Zirkon** kommt dem Diamanten in der Lichtbrechung am nächsten. H = 7,5. Beliebt ist der gelbrote Hyacinth.

8. **Granat** heißen mehrere dunkelrote Minerale von ähnlicher chemischer Zusammensetzung (Doppelsilikate von Al, Fe, Mg usw.) und tesseraler Kristallform. H = 7 — 8, d = 3,4 — 4,3. a) Der syrische Granat oder edle Almandin, auch Karfunkel genannt, ist dunkelkirschrot. b) Der böhmische Granat oder Pyrop ist tief blutrot und wird, in rundlichen, losen Körnern oder in Serpentin eingewachsen, im böhmischen Mittelgebirge in beträchtlicher Menge gefunden, heute aber nur wenig verarbeitet. c) Prächtig rote Pyrope kommen aus Südafrika als Kaprubin und aus Nordamerika als Arizonarubin.

9. **Türkis** ist himmelblau, wachsglänzend und undurchsichtig. H = 6. Alte Türkise sind oft trübgrün. Er wird in Iran gefunden und stets mugelig geschliffen. Kleine Steine sind sehr wohlfeil, tadellose Stücke hoch im Preise. Man ahmt ihn durch blaues,

getrübtes Glas nach, das an dem lebhafteren Glanze kenntlich ist. Zahntürkis ist das blaugefärbte Zahnbein vorweltlicher Tiere (Mammut, Mastodon u. a.).

10. **Edelopal** ist eine Abart des Minerals Opal. Opal ist gewöhnlich milchweiß durchscheinend, wachsglänzend, seltener durch prächtiges Farbenspiel in Rot, Grün und Goldgelb ausgezeichnet. H = 6, d = 2,1. Er besteht aus wasserhaltiger Kieselsäure und findet sich als Ausfüllung von Hohlräumen in Gesteinen, besonders in Australien (Queensland, Neusüdwales) und Mexiko. Die einst berühmten Gruben von Dubnik (Opalbanya) in der Slowakei sind heute außer Betrieb. Edelopale werden stets mugelig geschliffen. Da sie von zahlreichen feinen Sprüngen durchsetzt sind, sind sie sehr zerbrechlich.

B. Schmucksteine

1. **Quarz** ist kristallisierte Kieselerde, Siliziumdioxyd, SiO_2, und ein Hauptbestandteil der Erdkruste und der die Festländer aufbauenden Gesteine: Granit und Gneis. Für sich vorkommend, bildet er hexagonale Prismen mit aufgesetzten Pyramiden mit Glasglanz. H = 7, d = 2,6. Von seinen zahlreichen Abarten werden als Schmucksteine benutzt:

a) Der farblose, durchsichtige Bergkristall. Er dient als Ersatz für Diamant (Arkansas-, Alaska- und Marmaroscher Diamanten) und zur Erzeugung kleinerer kunstgewerblicher Gegenstände. Bis ins 17. Jahrhundert spielte er eine große Rolle zur Herstellung von Prunkgefäßen, Kristallgefäßen aller Art. b) Der violette Amethyst kommt besonders in Hohlräumen von Achat vor und wird z. B. in Idar und Oberstein neben anderen Halbedelsteinen zu Schmucksteinen geschliffen. Durch Brennen wird er goldgelb und geht dann ebenso wie c) der natürliche gelbe Quarz, Zitrin, unter den Namen „Goldquarz", spanischer" oder „böhmischer Topas". d) Der braune Rauchquarz (Rauchtopas), ebenfalls als Halbedelstein benutzt, wird beim Glühen gelb. e) Das Tigerauge ist braungelb, von faserigem Gefüge, enthält braune Hornblendefasern in Quarz eingeschlossen und zeichnet sich durch einen schönen, wogenden Lichtschein aus. Es kommt in großen Stücken aus Südafrika und wird zu Schmucksteinen, Einlegearbeiten, Knöpfen und dergleichen verarbeitet. Ihm ähnlich ist f) das graugrüne Katzenauge aus Ceylon. g) Jaspis heißt undurchsichtiger, roter bis brauner Quarz, der zu Schalen, Knöpfen und Platten verarbeitet wird.

2. **Chalzedon** nennt man homogen erscheinende, doch feinfaserige oder feinkörnige Formen des Quarzes, die meist nierenförmige oder knollige Stücke bilden. Gewöhnlicher Chalzedon ist durchscheinend grauweiß. Von seinen zahlreichen Abarten dienen als Schmucksteine: a) Der durchscheinend rote Karneol, b) der lichtgrüne Chrysopras und c) der undurchsichtige, dunkelgrüne, mit roten Punkten gezierte Heliotrop, Blutjaspis. Am wichtigsten ist d) der Achat, der in Form von Knollen, „Achatmandeln", gefunden wird (Fig. 11). Er zeigt verschieden gefärbte Schichten, am häufigsten graue, weiße und schwarze, und läßt sich durch Einlegen in Farblösungen künstlich färben. Da nur einzelne Schichten die Farben aufnehmen, entstehen sehr feurig gefärbte Steine. Achate werden in beträchtlicher Menge zu Ziergegenständen, Schmucksteinen, Knöpfen usw. in Idar und Oberstein, am Hunsrück und in Waldkirch i. B. verschliffen, wo sich seit dem 15. Jahrhunderte eine eigenartige Achatindustrie entwickelt hat, deren Erzeugnisse fast den ganzen Weltmarkt versorgen. Auch technische Gegenstände, wie Lager für feine Waagen, Reibschalen, Polierzähne u. a., werden dort angefertigt. — Der schwarz und weiß geschichtete Achat heißt Onyx und wird ebenso wie andere, bandförmig gezeichnete Achate zur Herstellung von geschnittenen Steinen, Gemmen, benutzt, die im Altertume den geschätztesten Schmuck bildeten. Die erhaben geschnittenen heißen Kameen, die vertieft geschnittenen Intaglien. Sie werden heute meist in Paris und in Italien, hier neben den weitaus wohlfeileren Muschelkameen geschnitten.

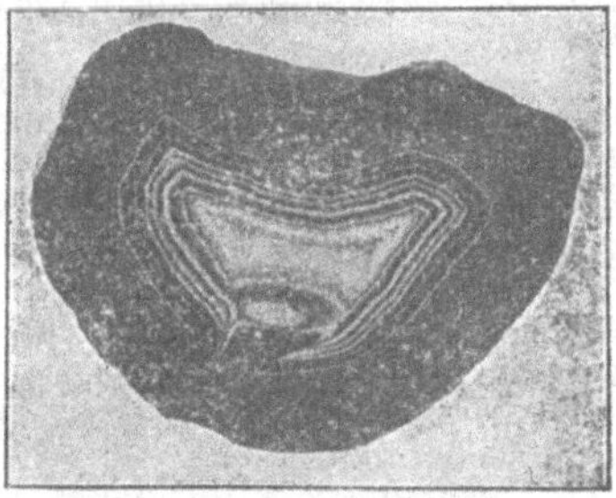

Fig. 11. Achatmandel im Durchschnitt. (1/3 nat. Gr.)

Untergeordnete Schmucksteine sind: 3. **Mondstein,** ein weißer, sehr durchscheinender Feldspat mit bläulichem Lichtschimmer,

Labradorit, eine dunkelgraue Feldspatart, die durch prächtige Farbenwandlung ausgezeichnet ist und daher „Changeant" genannt wird.

4. **Lasurstein** (*Lapis lazuli*) ist tiefblau, undurchsichtig und oft mit goldglänzenden Eisenkies-Flittern durchsetzt.

5. Der undurchsichtige, grüne **Malachit,** basisches Kupferkarbonat, ist achatartig gezeichnet.

6. **Blutstein** (*Hämatit*) ist die stahlgraue, feinfaserige Abart des Roteisensteins. Er dient auch zum Metallpolieren.

7. **Bernstein** ist das fossile Harz der tertiären Bernsteinfichte. Er ist licht- bis dunkelgelb, manchmal durchsichtig, meist aber wolkig getrübt oder ganz undurchsichtig. H = 2, d = 1,08. Bernstein ist ziemlich spröde, läßt sich jedoch auf der Drehbank gut bearbeiten und nimmt hohe Glätte und Glanz an. In der Wärme erweicht er so, daß man ihn biegen kann.

Die einzige bedeutende, seit uralter Zeit bekannte Fundstätte liegt im Samlande bei Palmniken (Ostpreußen). Die knolligen Bernsteinstücke, die bis zu 30 cm Durchm. erreichen, liegen in der sog. blauen Erde unter den Dünen und werden bergmännisch gewonnen. Die blaue Erde läuft unter dem Meeresspiegel aus, so daß die Wellen Bernstein herauswaschen, der teils vom Meeresgrund geschöpft, teils nach Stürmen als „Strandsegen" gesammelt wird.

Bernstein wird in Königsberg, Danzig und in anderen Städten zu Schmucksteinen und runden Perlen geschliffen. Ein Teil dient zur Erzeugung von Rauchgeräten. Ambroid wird aus kleinen Bernsteinstücken und Abfällen gepreßt und steht dem natürlichen Bernstein kaum nach. Nachahmungen durch gelbes Glas sind an der Härte und Schwere leicht zu erkennen.

III. Bildhauersteine

Die Minerale zur Herstellung von Bildhauerarbeiten müssen sich gut verarbeiten, schleifen und glätten lassen. Sie werden auch zur inneren Ausschmückung von Bauten, für Säulen, Verzierungen und als Wandbelag benützt. Die minderwertigen dienen als Bausteine.

1. **Marmor** nennt man die körnig kristallinischen bis dichten Abarten des Minerales Kalkspat (Kalzit), die sich durch schöne Farben sowie durch gute Form- und Glättbarkeit auszeichnen. H = 3, d = 2,7. Die mannig-

faltigen Färbungen des Marmors werden durch Eisenverbindungen, Kohle usw. bewirkt. Nach der Verwendung unterscheidet man: A. den weißen Statuenmarmor und B. den bunten Architekturmarmor.

A. Weiße Statuenmarmorsorten sind: a) der feinkörnige Carrara-Marmor aus Oberitalien. Die beste Sorte ist „Statuario". Von grauen Adern und Flecken durchzogener „Bardiglio" und „Chiario" dienen zu Tischplatten; b) Laaser Marmor, aus dem Vintschgau bei Meran, wird viel zu Statuen benutzt. Er ist gröber im Korn, jedoch sehr wetterbeständig und wohlfeiler als Carraramarmor. Die europäische Ausfuhr von edlem Marmor nach Nordamerika geht zurück, weil im Staate Vermont bei Rutland edler weißer c) Proctor-Marmor gebrochen wird.

B. Architekturmarmor wird nach Herkunft und Farbe bezeichnet. Bekannt sind a) die gelben und roten Marmore vom Untersberg und von Adnet bei Salzburg, b) der rotbraune Berchtesgadener Marmor, c) der von Muschelschalen durchsetzte bunte Nassauer Marmor von Limburg an der Lahn. Belgien liefert d) den tiefschwarzen Marmor Noir belge, e) den schön roten „Rouge royal" und f) den grauen, von Muscheln durchsetzten Saint-Anne-Marmor, Italien g) den hochgelben „Giallo di Siena", h) den auf schwarzem Grunde gelb und weiß geaderten „Portor" und i) die schön geflammten Marmore von Seravezzo und Paonazzo. Die italienischen Bezeichnungen entsprechen meist der Farbe, z. B.: rosso, verde, violetto u. a. Auch in Frankreich werden sehr schöne Marmore gebrochen.

Onyxmarmor heißen durchscheinende, gelbe, grünliche und bläuliche Marmore mit achatartigen Zeichnungen, die sich besonders in Laas, Ägypten, Algier und Mexiko finden. Der „brasilianische" Onyx, der durch seine erbsengrüne Farbe auffällt, kommt aus Argentinien. — Von marmorähnlicher Wirkung und im Baugewerbe beliebt ist der Solnhofer Stein (blau oder gelb) aus Bayern. Er wird für Boden- und Wandplatten verwendet. Der Solnhofer Lithographenschiefer ist der Werkstoff des Steindruckers. Das Solnhofer Vorkommen ist in seiner Art einzig dastehend. Ruinenmarmore sind tonhaltige, mergelige Marmore mit mauerwerkähnlichen Zeichnungen, die besonders aus der Gegend von Florenz kommen.

Die Verarbeitung von Marmor wird am meisten in Italien und bei Salzburg betrieben. Marmorplatten für

Möbel und Wandverkleidungen werden mit zahnlosen Sägen und Sand geschnitten und mit Schmirgel und Tripel geschliffen. Weiße Marmore für kleine Ziergegenstände werden oft durch Einlegen in Farbstoff- oder Salzlösungen künstlich gefärbt. Stuckmarmor ist die oft kunstvoll und täuschend hergestellte Marmornachahmung aus Gips.

2. **Alabaster** ist die dichte, weiße, durchscheinende Abart des Minerals Gips, die sich leicht schnitzen und färben läßt. Er findet sich in Form großer Knollen besonders bei Florenz, wo man aus ihm kleine Bildwerke usw. erzeugt.

3. **Serpentin** ist ein graugrünes bis grünschwarzes, oft von dunklen Streifen und Bändern durchsetztes Mineral. $H = 3$—4, $d = 2{,}5$. Es findet sich bei Zöblitz in Sachsen und bei Bernstein im Burgenlande, in welchen Orten Ziergegenstände usw. angefertigt werden. Für Platten, Säulen, Grabsteine verwendet man den Tiroler Serpentin aus dem Pfitschtale.

Die feinfaserige Abart des Serpentins (und bestimmter anderer Silikatminerale) heißt **Asbest**, der sich zu weichen, geschmeidigen, unverbrennlichen Fasern zerteilen läßt. Er kommt besonders aus Kanada, aus dem Ural, aus Südrhodesien und aus der Südafrikanischen Union. Die Welterzeugung ist etwa 1 Mio t. Kurzfaserigen Asbest kann man auch synthetisch erhalten. Asbest dient zur Herstellung unverbrennlicher Gewebe und von Pappe, die zu Dichtungen von Dampfkesseln und Röhren benutzt wird (sogen. It-Dichtungen: Klingerit, Polypyrit usw.). Aus feingemahlenem Asbest werden mit Zement als Bindemittel graue oder rote Dachplatten, Eternitschiefer, Röhren usw. erzeugt.

4. **Meerschaum** ist ein ungemein leichtes, undurchsichtiges, weißes, feinporiges Mineral. $H = 2$, $d = 0{,}8$—$1{,}5$. Im nassen Zustande läßt er sich leicht schneiden und aufs feinste schnitzen. Durch Reiben wird er hochglänzend. Er findet sich in unregelmäßigen Knollen in tonigem Gestein bei Eski-Schehr in Kleinasien. Die früher blühende Meerschaumindustrie ist sehr zurückgegangen und erzeugt heute fast nur billige Rauchgegenstände.

5. **Talk** ist ein blättriges, weißes bis grünliches, durchscheinendes, perlmutterglänzendes Mineral. Er ist sehr weich (H = 1) und fühlt sich fettig an. Reiche Lager finden sich in Steiermark bei Mautern. Feinstgemahlener Talk, Talkum, wird in großer Menge in der Gummi-, Kabel-, Papier- und Textilindustrie sowie zum Polieren von Reis verwendet.

Dichter, meist gelblicher oder graulicher Talk heißt Speckstein und dient, da er auf Tuch abfärbt, als Schneiderkreide. Ein ihm ähnliches, rot und grau geflecktes Mineral, Bildstein, Agalmatolith, ist gut schneidbar und wird in China zu kleinen Schnitzereien verarbeitet.

IV. Baustoffe

A. Bausteine

Bausteine sind wetterbeständige, gut formbare und feste Steine. Sie spielen auch heute noch für besondere Bauten eine Rolle. Für ihre Brauchbarkeit kommen vor allem in Betracht: Härte, Frostbeständigkeit und Druckfestigkeit. Die letztere wird durch die Anzahl der kg ausgedrückt, die auf ein cm^2 drücken müssen, um den Stein zu zerbrechen.

1. **Kalkstein** ist derber, dichter, meist gelblich oder grau gefärbter Kalkspat, der in großen Massen, z. T. Gebirgszüge (Kalkalpen) bildend, vorkommt. Große Brüche liegen in Rüdersdorf bei Berlin, unweit von Wien im Leithagebirge (Mannersdorfer und Wöllersdorfer Kalkstein), bei St. Margarethen, bei Paris (Nummulithenkalk) usw. In Mittelitalien wird poriger Kalktuff, Travertin, als guter Baustein benützt. — Viel Kalkstein wird zu Branntkalk gebrannt (S. 54).

2. **Sandsteine** sind aus Quarzsand durch Verkittung der Körnchen entstanden. Der Quarzsand selbst ist das Verwitterungsprodukt des Granits (s. d.). Die meisten Bausteine sind tonig, die zu Steinmetzarbeiten brauch-

baren kalkig. Ihre Farbe ist grau, gelb bis rot, die Druckfestigkeit beträgt 300—700 kg. Die Steine brechen gut in Blöcken und werden im Odenwalde, in den Vogesen und Voralpen und besonders im Elbsandsteingebirge gewonnen, wo die Brüche an der Elbe liegen. Der Elbsandstein wird gewöhnlich nach dem Orte Pirna benannt, von wo er, zu Quadern behauen, flußabwärts bis Magdeburg verschifft wird.

3. **Granit** neben **Gneis** der Baustein der Kontinente, wird als „kristallinisches Urgestein" bezeichnet und besteht im wesentlichen aus Feldspat, Quarz und Glimmer. Er ist sehr hart, daher schwer zu bearbeiten, jedoch wetterbeständig und druckfest (im Mittel 1000—1500 kg auf 1 cm^2). Zu Bauzwecken benützt man besonders die mittel- und feinkörnigen, grauen oder roten Granite, die im Fichtelgebirge, in der Lausitz (fälschlich „Lausitzer Syenit" genannt) und im Riesengebirge gebrochen werden. Brückenpfeiler, Treppenstufen, Randsteine und Platten für Fußsteige, Säulen, Grabplatten und Denkmalsteine werden aus Granit gehauen. Sehr geschätzt ist der rote sowie auch der schwarze, von schimmernden Labradoritkristallen durchsetzte schwedische Granit. Die größte Verwendung findet der Granit als Pflasterstein. Berlin bezieht ihn aus Schweden, Wien von Mauthausen an der Donau. Auch die Granite aus der Gegend von Schruns und Gmünd sind erwähnenswert. **Syenit,** ein dem Granit ähnliches Gestein, dient zu Bauten und als Pflasterstein (Dresden).

4. **Porphyr** ist ein dichtes, rotes bis braunes Gestein, mit eingestreuten Feldspatkörnchen. Porphyrtuff aus Rochlitz in Sachsen, „Rochlitzer Stein", ist sehr wetterfest und gut zu bearbeiten. Pflastersteine aus dem harten Dioritporphyrit gehen aus dem Lojagraben nach Wien.

5. **Basalt,** ein schwarzes, dichtes Eruptivgestein, wird u.a. in Linz a. Rh. in großen Mengen gebrochen. Beim Erstarren hat sich der Basalt in fünf- oder sechsseitige

Säulen gesondert, was seinen Abbau erleichtert. Die Säulen eignen sich besonders für Ufer- und Hafenbauten. Für den Abschlußdeich zur Trockenlegung der Zuidersee wurden allein 400 kt Basalt verbraucht. Auch als Pflasterstein dient Basalt. Er ist schwerer als Granit.

6. **Magnesit** besteht hauptsächlich aus Magnesiumkarbonat, $MgCO_3$. Nach Entstehung und Eigenschaften unterscheidet man: a) Gelmagnesit, reinweiß, dicht, porzellanartig, erst bei gegen 2000° sinternd, weißbleibend, und b) Spatmagnesit, graugeadert, großkristallinisch, stark eisenhaltig, bei etwa 1400° sinternd und sich braunschwarz brennend. Gebrannter Gelmagnesit gibt mit Magnesiumchloridlösung einen rasch erhärtenden Zement, der, mit Sand oder Marmor zur Kunststeinerzeugung oder, mit Holzspänen gemengt, als Fußbodenbelag (Xylolith) dient. In den Heraklith-Leichtbauplatten ist Holzwolle durch einen Zement aus gebranntem Magnesit und Magnesiumsulfatlösung verkittet. Der Spatmagnesit, der u. a. in Kärnten (Millstätter Alpe) und Steiermark (Veitsch) vorkommt, dient zur Erzeugung von hochfeuerfesten Steinen, insbesondere für die Stahlindustrie, neuerdings auch als Rohstoff für die Magnesiumgewinnung. **Dolomit** besteht aus Kalzium- und Magnesiumkarbonat.

7. **Kunststeine** stellt man her, indem man ein Gemenge von Sand und Zement in Formen gießt. Durch Zusatz von Farben zur Mischung lassen sich die Steine färben. Aus Dünensand werden Sandstein-Mauersteine geformt. Künstlicher Granit, Terrazzo, Granito, wird als Pflaster für Gänge und Treppenhäuser erzeugt, indem man Marmorklein in eine Zementmasse einstreut und den Belag nach dem Abbinden abschleift. Schlackensteine, aus gemahlener Hochofenschlacke und Kalkbrei, dienen als Ziegel. Gegossene Schlackensteine geben ein vorzügliches Straßenpflaster. $^2/_3$ der anfallenden Hochofenschlacke werden durch die Baustoffindustrie und den Straßenbau aufgenommen.

B. Bindemittel

Zur Verbindung von Bausteinen und zum Verputzen des Mauerwerkes verwendet man die Mörtel (auch Speise genannt), breiige Gemenge, die an der Luft oder unter Wasser erstarren. Man unterscheidet Luft- oder Kalkmörtel, hydraulischen Mörtel und Gipsmörtel. Mit Zement gebundener Schotter ist als Beton der wichtigste Werkstoff der Großbauten.

1. **Branntkalk** (Ätzkalk) CaO, dient zur Herstellung des Luftmörtels und wird durch „Brennen“ von Kalkstein in Schachtöfen gewonnen. Das Kalziumkarbonat, $CaCO_3$, zerlegt sich dabei in Kalziumoxyd, CaO, und Kohlendioxyd, CO_2, das entweicht. Der aus den Öfen gezogene Branntkalk bildet weiße, lockere Brocken, die an der Luft Wasser aufnehmen und langsam zerfallen. Mit Wasser begossen, gibt er gelöschten Kalk, Kalziumhydroxyd, $Ca(OH)_2$, einen weißen, ätzenden Brei.

Den gelöschten Kalk rührt man mit Wasser und Sand zu Luftmörtel an, der allmählich erhärtet: Anziehen oder „Abbinden“ des Mörtels; das Wasser verdunstet, das Kalziumhydroxyd nimmt Kohlendioxyd aus der Luft auf und gibt unter weiterer Wasserabgabe kohlensaures Kalzium. Das langsame, natürliche Austrocknen des Mauerwerkes beschleunigt man, wenn man Behälter mit glühendem Koks aufstellt (Kohlendioxyd-Entwicklung). Luftmörtel ist nicht wasserfest. Kalk brennt man in der Nähe der Brüche. In großen Städten bestehen besondere Mörtelwerke. Reiner, trocken gelöschter Kalk kommt als „Kalkhydrat“ in Säcken in den Handel. Kalk wird nicht nur im Bauwesen, sondern auch in zahlreichen anderen Industrien gebraucht. Die Welterzeugung wird auf 100 Mio t geschätzt.

2. **Zement** (Wasser- oder hydraulischer Mörtel) heißen Bindemittel, die, mit Wasser gemengt, auch unter Wasser erhärten und nicht wie der Luftmörtel im Wasser zerfallen:

a) Portlandzement erzeugt man als einen der wichtigsten Baustoffe in größtem Maßstabe. Kalk und Ton werden in ganz bestimmten Verhältnissen innig vermengt und in Drehöfen, bis zu 100 m langen, schwach geneigten, innen beheizten, sich drehenden Rohren oder in Schachtöfen bis zur Sinterung gebrannt. Der entstandene Klinker wird feinstgemahlen. Portlandzement ist ein grünlichgraues Pulver. (Als Spezialsorte wird von Dyckerhoff auch weißer Portlandzement hergestellt.) d = 3,15. Mit Wasser angerührt, erhärtet er ohne wesentliche Erwärmung (Abbinden). Man unterscheidet nach DIN 1164 drei Güteklassen, benannt nach der Mindestfestigkeit nach 28 Tagen: Zement 225 (normaler Z.), Zement 325 (hochwertiger oder frühfester Z., grüne Säcke), Zement 425 (höherwertiger Z., rote Säcke). Guter Portlandzement muß volumbeständig sein: er darf nach dem Abbinden sein Volumen nicht ändern und weder Risse noch Krümmungen zeigen. Auf einem Sieb von 4900 Maschen auf 1 cm^2 soll nicht mehr als 20% Rückstand bleiben. Die Biegezug- und Druckfestigkeit wird in genau vorgeschriebener Weise geprüft, wobei für die Mörtelmischung Normensand verwendet wird. Versendung meist in Säcken von 50 kg brutto; größere Mengen werden auch lose verschickt.

Die Mitglieder des Vereines deutscher Portland- und Hüttenzementwerke e.V. haben sich gegenseitig verpflichtet, ihren Zement genau nach den Bestimmungen der Normen herzustellen. Sie führen ein besonderes Warenzeichen (Fig. 12).

Fig. 12. Warenzeichen des Vereines Deutscher Portland- und Hüttenzementwerke e. V.

Portlandzement und Quarzsand geben einen vorzüglichen Mörtel für Hoch-, Tief- und Wasserbauten. Ein Gemenge mit Sand und Kies (Flußschotter) heißt Beton, aus dem Wasserbecken, Kanalröhren, Fundamente, Tunnelverkleidungen, Pfeiler, Straßenbeläge usw. hergestellt werden. Wird der Kies durch zerkleinerte Gesteine ersetzt, so gewinnt man Kunststeinmassen, die man auch mit Mineralfarben färben kann. Wird der Beton durch Stahleinlagen „armiert“, so erhält man den Stahlbeton (früher Eisenbeton genannt), der heute im großartigsten Maßstabe zum Bauen mächtiger Häuser (Wolkenkratzer), Tunnels, Brücken, Talsperren usw. verwendet wird.

Die Zementerzeugung der BR betrug 1956 19,7 Mio t.

Eisenportlandzement enthält höchstens 30%, Hochofenzement 31—85% Hochofenschlacke, Rest Portlandzement. Erzzement ist arm an Tonerde und gegen Gips widerstandsfähiger als Portlandzement.

b) Hydraulischer Kalk, Wasserkalk, ist ein toniger, gebrannter Kalk.

c) Traßzemente kommen mit meist 30 oder 40% rheinischem Traß, Rest Portlandzement, in den Handel. Traß, ein vulkanisches Gestein, kommt im Nette- und Brohltal in großen Lagern vor. (DIN 1167).

d) Tonerdezement (Schmelzzement) ist in seiner chemischen Zusammensetzung von Portlandzement grundsätzlich verschieden. Er wird durch Zusammenschmelzen von Bauxit mit Kalk hergestellt und erreicht nach dem Abbinden rasch hohe Festigkeit.

3. **Gips**, ein weißes Pulver, das durch Brennen des Minerales Gips ($CaSO_4 \cdot 2H_2O$) erzeugt wird, gibt mit Wasser einen formbaren Brei, der je nach der Brenntemperatur mehr oder weniger rasch erhärtet (abbindet). Gips dient zum Abformen und für Bauzwecke. DIN 1168 unterscheidet Stuckgips, Putzgips, Estrichgips und Marmorgips. Stuckgips wird bei 180° gebrannt und besteht im wesentlichen aus Halbhydrat ($CaSO_4 \cdot 1/2\,H_2O$). Putzgips ist bei etwa 300 gebrannt und bindet langsamer ab. Der bei 800—1000° gebrannte Estrichgips bindet erst nach mehreren Stunden ab, erreicht aber größere Festigkeit. Marmorgips ist doppelt gebrannt und zwischendurch mit Alaun getränkt.

V. Schleif- und Glättemittel, Mühlsteine

Metalle, Glas, Steine usw. werden mit harten und rauhen Schleifmitteln geschliffen, die von der Oberfläche des Arbeitsstückes Teilchen abtragen und sie dadurch glätten. Das Schleifen ist eine der wichtigsten Arbeitsweisen vieler Betriebe geworden. Die künstlichen Schleifmittel und Schleifsteine verdrängen die natürlichen.

1. **Schleifsteine,** „Drehsteine" (Fig. 13) werden aus Sandstein hergestellt. Die zum Nachschleifen von Messern, Sensen usw. dienenden „Wetzsteine" schneidet man aus grauem Wetzschiefer oder Kalkmergel zu. „Abziehsteine" oder „Streichschalen" sind feine Schleifsteine, die zum Nachschärfen von Schneiden dienen. Man netzt sie mit Wasser oder Öl. Abziehsteine sind: a) der sächsische Ölstein, graugrüner Wetzschiefer, b) der levantinische Ölstein, grauer Dolomit, c) der gelbliche, belgische Ölstein mit dunkelblaugrauer Schieferunterlage und d) die weißen amerikanischen Arkansassteine aus Chalzedon. Künstliche Schleifsteine werden aus Schmirgel und anderen Schleifmitteln erzeugt und übertreffen oftmals die natürlichen. — Zum Glätten, Polieren von Metallgegenständen und zum Glänzen von Vergoldungen usw. benützt man Polierzähne (Fig. 13, I) aus Blutstein, Achat oder Stahl, die an langen Stielen befestigt werden.

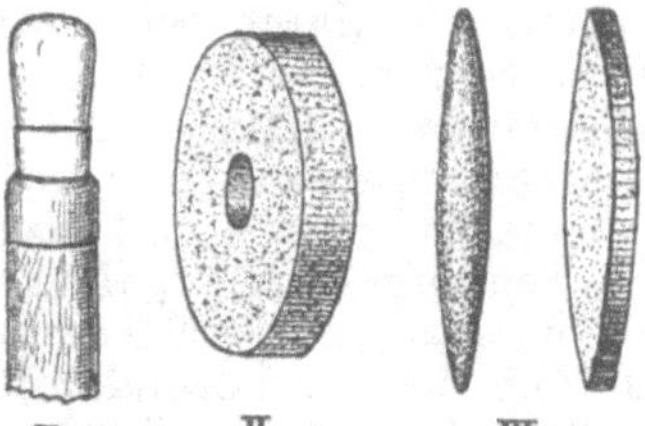

Fig. 13. I. Polierzahn; II. gewöhnlicher Schleifstein; III. Wetzsteine.

2. **Schmirgel** ist eine körnige, braune bis schwarze Abart des Korundes, Al_2O_3. H=9. Der beste wird auf der Insel Naxia gebrochen und in besonderen Fabriken zu Pulver von verschiedener Feinheit gemahlen. Schmirgelpulver dient zum Schleifen und zur Erzeugung von

Schmirgelpapier, Schmirgelleinwand und Schmirgelschleifsteinen. Diese werden aus einem Gemisch von Schmirgelpulver mit geeigneten Bindemitteln gepreßt.

3. **Gemeiner Korund,** den man in mächtigen Gängen in Nord-Karolina bei Korundum Hill gewinnt, wird wie Schmirgel verarbeitet. Künstlicher Korund wird besonders am Niagara als „Alundum" durch Schmelzen von Bauxit im elektrischen Ofen im Großen bereitet.

4. **Siliziumkarbid** (SiC) heute das wichtigste Schleifmittel, wird durch Schmelzen von Sand mit Koks und etwas Salz im elektrischen Ofen gewonnen. Dunkelgrüne, schillernde Kristalle. H = 9,5. Durch Mahlen und Schlämmen erzeugt man grünschwarze Pulver von verschiedener Feinheit und aus diesen in gleicher Weise wie aus Schmirgel Schleifpulver und Schleifsteine aller Art, die im Handel verschiedene Namen führen. Bekannte Marken sind Karborundum und Lonsicar. Als Zuschlagstoff zu Zement verleiht das Siliziumkarbid dem Beton große Härte (Hartbeton für Bodenbelag und Treppenstufen). Auch feuerfeste und chemisch widerstandsfähige Retorten werden aus Siliziumkarbid hergestellt. — Die Welterzeugung betrug 1930 27,5 kt.

5. **Bimsstein** ist eine helle, sehr poröse, glasartige Lava, die so leicht ist, daß sie auf dem Wasser schwimmt. Er wird auf den Inseln Lipari, Stromboli und Teneriffa gefunden. Auch im Koblenz-Neuwieder Becken wird Bimsstein gewonnen.

Sein Preis hängt von der Größe und Gleichmäßigkeit des Kornes ab. Durch Zusammenpressen von gemahlenem Bimsstein zu Ziegeln wird der gleichmäßige „künstliche Bimsstein" oder „Bimsolith" erzeugt, der, wie der natürliche, zum Schleifen von Hartgummi, Holz, Lackierungen usw. dient.

6. **Tripel** ist ein Gemisch von Ton mit winzigen Kieselschalen von Algen und bildet braungelbe Brocken. Gewinnung auf Korfu und in Böhmen (Bilin). Er dient zum Glätten von Edelsteinen und Metallen ebenso wie die Kieselgur von der Lüneburger Heide,

von Limbach, Maissau usw. Ähnliche Verwendung haben 7. **Polierrot,** ein natürliches oder künstliches Eisenoxyd, 8. die weiße **Zinnasche** (Zinndioxyd), 9. **Wiener Kalk,** reiner gebrannter Kalk und 10. **Schlämmkreide.**

11. **Mühlsteine** dienen zum Mahlen von Getreide, Ölsaaten usw. Sie sind dicke Scheiben, die in der Mitte ein Loch (Auge, Fig. 14) haben, werden aus harten, rauhen Gesteinen erzeugt und meist aus mehreren Stücken zusammengesetzt, die man mit Eisenreifen zusammenhält. Die Arbeitsfläche bekommt schräg verlaufende Furchen, den Hauschlag (Remische). Am begehrtesten sind die französischen Champagner-Mühlsteine aus dem Süßwasserquarz von La Ferté sous-Jouarre unweit Paris, die durch große Härte, Zähigkeit und Schärfe ausgezeichnet sind. Die Andernacher Mühlsteine bestehen aus einer rauhen, vulkanischen Lava vom Laacher See. Mühlsteine werden auch aus Granit (bei Wallsee in Ober-Österreich), Trachyt und Sandstein, künstliche aus Schmirgel, Quarz usw. hergestellt.

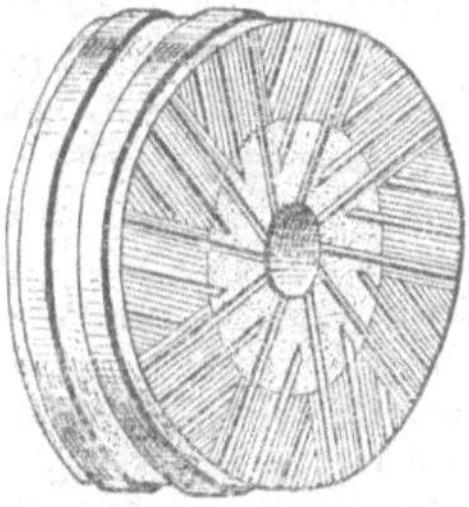

Fig. 14. Mühlstein mit Hauschlag (Remische).

VI. Tonwaren

Durch Formen und Brennen von Ton gewerbsmäßig hergestellte Waren heißen Tonwaren, irdene Waren, keramische Erzeugnisse (griech. keramos = Ton). Sie sind unentbehrlich und können zumeist aus heimischen Rohstoffen erzeugt werden. Die Töpferkunst ist ein uraltes Gewerbe, das nach den Funden etwa 12000 Jahre über unsere Zeitrechnung zurückreicht. Der Ton ist ein wasserhaltiges Aluminiumsilikat, das durch Verwittern von Feldspat und feldspathaltigen Gesteinen, besonders von Granit und Gneis, entstanden ist und in großen

Lagern vorkommt. Ist das Verwitterungsprodukt in keiner Weise verunreinigt worden und auf der ursprünglichen, primären, Lagerstätte liegen geblieben, so heißt es Porzellanerde, Kaolin oder China clay und bildet weiße bis graue, schwer schmelzbare Massen, die beim Brennen rein weiß werden. Der Hauptbestandteil der Porzellanerde ist die sog. Tonsubstanz $Al_2O_3 \cdot 2\,SiO_2 \cdot 2\,H_2O$, der aber unverwitterter Feldspat und Quarz als kristallinische Bestandteile beigemengt sind.

Wurde der Ton durch die Wirkung des Wassers weitergeführt und auf sekundärer Lagerstätte abgelagert, so unterscheidet man ihn je nach seiner Beschaffenheit in mehrere Arten: 1. Steingutton. Er gibt beim Brennen einen weißen, porösen Scherben und dient zur Herstellung von feinem Steingut (Fayence, Majolika). 2. Töpfer- und Ziegelton (Lehm). Er ist mit Sand, Kalk, Eisenverbindungen usw. stark verunreinigt, gelb, wird beim Brennen rot und dient zur Herstellung der gewöhnlichen Töpferwaren, Irdenwaren, Ofenkacheln, Ziegeln usw., die alle einen porösen Scherben haben. 3. Steinzeugton. Sintert im scharfen Brand und gibt einen mißfarbenen Scherben, der jedoch fest und wasserundurchlässig ist wie Porzellan. Er wird zur Herstellung der Steinzeugwaren verwendet. 4. Feuerfester Ton dient zur Herstellung der Schamottewaren.

Mit Wasser gemengt, gibt Ton einen bildsamen, plastischen Brei, der beliebig geformt werden kann. Durch Brennen wird er vollkommen hart, das chemisch gebundene Wasser entweicht. Gebrannter Ton erweicht nicht mehr im Wasser und wird auch nicht mehr plastisch.

Beim Trocknen und Brennen schwinden die Gegenstände um 10—20% ihrer Durchmesser.

Reiner oder wenig verunreinigter Ton fühlt sich schlüpfrig an, ist sehr bildsam und heißt fetter Ton. Er ist feuerfest und wird beim Brennen porös; die aus ihm hergestellten Waren haben einen porösen Scherben. Beimengungen von Quarz, Feldspat usw. machen den Ton weniger bildsam, er fühlt sich rauh an, heißt mager und sintert in der Hitze. Weil die schmelzenden Beimengungen als „Flußmittel“ die Poren ausfüllen, erhält man einen dichten, wasserundurchlässigen, verglasten Scherben.

Sehr fetten Tonen setzt man Magerungsmittel, wie Quarzsand, Schamotte usw., bei, damit sie beim Brennen nicht rissig werden.

Den gebrannten Tonwaren läßt man entweder ihre natürliche Oberfläche oder man überzieht sie mit einer Glasur. Diese besteht aus Stoffen, die bei einem zweiten Brande glasartig schmelzen und poröse Scherben oberflächlich dichten.

Man unterscheidet die Tonwaren danach in:

a) Dichte Tonwaren: Scherben auf dem Bruch dicht und glänzend, wasserundurchlässig, sehr hart:

1. Scherben weiß und durchscheinend, mit Glasur: Porzellan; ohne Glasur: Biskuitporzellan.

2. Scherben mißfarbig, undurchsichtig, glasiert: Steinzeug; unglasiert: Mettlacher Platten u. a.

b) Poröse Tonwaren: Scherben porös, wasseraufsaugend, Bruch erdig, matt, von Stahl ritzbar:

1. Scherben weiß, mit weißer oder farbiger Glasur: feines Steingut (Fayence, Majolika).

2. Scherben gelb, mit undurchsichtiger Glasur: ordinäres Steingut; Scherben braunrot mit farbiger Glasur: Töpferware.

3. Scherben rot, meist unglasiert: Ziegel.

1. **Porzellan** ist die edelste Tonware und wurde in Europa zuerst in Deutschland hergestellt. Es hat einen weißen, durchscheinenden Scherben, ist härter als Stahl, gegen Temperaturwechsel und chemische Einflüsse sehr widerstandsfähig und ein Nichtleiter der Elektrizität. Nach der Herstellungsart und den besonderen Eigenschaften unterscheidet man folgende Sorten:

a) Hartporzellan, echtes Porzellan, aus reinem Kaolin unter Zusatz von Quarz und Feldspat hergestellt, mit Feldspatglasur, ist sehr hart, klingend und hitzebeständig. Als Rohstoffe dienen: Porzellantone (Seilitz nächst Meißen, Zettlitz bei Karlsbad), reiner Feldspat und Quarz.

Der Porzellanton wird aufs feinste gemahlen, in Schlämmrinnen mit Wasser geschlämmt und durch Filterpressen entwässert. Der gereinigte Kaolin wird mit den feinstgemahlenen Zusätzen, Feldspat und Quarz, im bestimmten Verhältnis innig gemengt und mehrere Monate in Kellern gelagert, wodurch die Masse bildsamer wird. Die erhaltene „Porzellanmasse" formt man nur selten aus freier Hand. Gewöhnlich benützt man die Töpferscheibe und Schablone. Kleine Gegenstände, Vasen, Figurenteile usw. gießt man aus Porzellanmasse, die man durch Zusatz von Alkalilösung (Soda oder Wasserglas) verflüssigt hat, in mehrteiligen Gipsformen. Die Formlinge läßt man an der Luft trocknen. Figurenreiche Gefäße und Statuen werden aus mehreren Stücken mit Porzellanbrei, „Schlicker", zusammengesetzt. Die lufttrockenen Werkstücke werden im oberen Raume des Porzellanofens zuerst bei Rotglut (etwa 800°) verglüht, wodurch sie hart werden, aber noch porös bleiben, Verglühgut. Nun wird die Glasur aufgebracht, die aus feinst gemahlenem Feldspat mit Zusätzen von Marmor und Quarz besteht und in Wasser aufgeschlämmt ist. Die Gegenstände werden durch die Flüssigkeit gezogen, wobei genug Glasurpulver an ihrer Oberfläche hängenbleibt, getrocknet und endlich im Scharffeuer-Raum des Porzellanofens bei etwa 1400° gar gebrannt (Glatt- oder Garbrand).

Zur Beobachtung der im Porzellanofen herrschenden Wärmegrade dienen die Segerschen Normalkegel, spitze, dreiseitige Pyramiden aus Tonmischungen, die bei bestimmten Hitzegraden erweichen, was daran kenntlich ist, daß die Spitze der Pyramide sich neigt und schließlich die Unterlagplatte berührt. Das chemische Laboratorium für Tonindustrie von Dr. Seger und Cramer läßt sie in der Staatlichen Porzellanmanufaktur Berlin-Charlottenburg herstellen. Es gibt 72 Nummern, bezeichnet mit 022—42; Nr. 022 entspricht etwa 600°, Nr. 42 etwa 2000°.

Damit der Flugstaub des Feuers das Porzellan nicht verunreinige, kapselt man alle Gegenstände in Schamottekapseln ein. Die fertig gebrannte Ware wird in „Feingut", „Mittelgut" und „Ausschuß" gesondert.

Aus Hartporzellan werden Tafelgeschirre, Kochgeschirre, Figuren und technische Gegenstände, besonders Schalen, Tiegel, Wannen für chemische Laboratorien und Fabriken, elektrische Isolatoren, Röhren u. a., hergestellt.

Die Erzeugung von Hartporzellan wurde zu Beginn des 18. Jahrhunderts auf der Albrechtsburg in Meißen von dem Alchimisten J.F. Böttger erfunden, dem hierbei die Kenntnisse und Ratschläge des Mathematikers und Physikers Freiherr von Tschirnhaus zugute kamen. Hier wurde auch die erste europäische Porzellanfabrik errichtet, während in China wahrscheinlich schon im 9. Jahrh. n. Chr. echtes Porzellan erzeugt worden ist.

Die berühmten europäischen Porzellanfabriken bezeichnen ihre Erzeugnisse mit gewissen Marken (Fig. 15).

Fig. 15. Marken einiger berühmter Porzellanfabriken.

b) Unglasiertes oder Biskuitporzellan kann sogleich im Scharffeuer gebrannt werden. Das Elfenbeinporzellan, Parian, ist gelblich.

c) Weichporzellane sind milchglasartige, durchscheinende Porzellane, deren Brenntemperatur schon bei 1200—1300° liegt. Sie werden aus Gemischen von Steinzeugton, Quarz, Feldspat und Kalkstein erzeugt, sind glasähnlich und springen leicht in der Hitze. Sie wurden schon am Ende des 17. Jahrh. in Europa hergestellt. Hierher gehören: das französische Frittenporzellan von Sèvres und St. Cloud, vieux Sèvres; die englischen Weichporzellane, aus Kaolin und Knochenasche (Knochenporzellan) mit starker Bleiglasur, das Segerporzellan, aus viel Quarz und Feldspat und wenig Ton, das ähnliche Hecht-Porzellan der Berliner Porzellanfabrik, aus Feldspat und Ton, und die durchscheinenden, dünnwandigen „Eierschalenporzellane" (China und Japan).

Die Porzellanmalerei kann auf zweierlei Art durchgeführt werden: 1. unter der Glasur oder 2. auf der Glasur. Im ersten Falle bemalt man das poröse Verglühgut, überzieht es mit der Glasur und brennt es gar. Die Farben scheinen ein wenig ausgelaufen, sind aber außerordentlich schön, haltbar, feurig und glänzend. Nicht viele Farben halten das Scharffeuer aus. Unter ihnen spielen Kobaltoxyd (Meißner Blau), Chromoxyd (Grün), Zinnverbindungen (Pinkrot), Uranoxyd (Schwarz) eine große Rolle.

Im zweiten Falle bemalt man die fertig glasierten Gegenstände mit gepulverten Farbgläsern, Schmelz- oder Muffelfarben, die man mit Terpentinöl streichfähig macht. Das Einbrennen geschieht in einem Muffelofen. Die Palette reicht für ganze Gemälde aus.

Vergoldet wird mit einem Gemisch von chemisch gefälltem Gold mit Wismutnitrat (Poliergold) oder mit Goldchlorid und Schwefelbalsam (Glanzvergoldung), wohlfeiler, aber weniger haltbar.

2. **Steinzeug**, Klinkerware, ist undurchsichtig, glasig, klingend, hart und von Stahl nicht ritzbar. Fast so scharf wie Porzellan gebrannt, ist es gegen Temperaturwechsel und chemische Einflüsse sehr widerstandsfähig. Feines Steinzeug ist porzellanartig, weiß, z. B. Wedgewood.

Zum gemeinen Steinzeug zählt man das altdeutsche Geschirr, das heute noch im Nassauischen „Kannebäckerland" neben den bekannten braunen Selterskrügen erzeugt wird. In neuerer Zeit hat die Herstellung von Säuregefäßen, Kühlschlangen, Säurepumpen und anderen Gerätschaften für die chemische Industrie, sowie von Kanalröhren großen Aufschwung genommen.

Die aus sehr bildsamem und ziemlich feuerfestem Ton angefertigten Gegenstände werden nur einmal, jedoch oft mehrere Tage lang gebrannt. Durch Einwerfen von

Kochsalz in die Feuerung entsteht eine leichte „Salzglasur“. Abfallröhren werden mit brauner „Erdglasur“ aus schwer schmelzbaren Glasmassen versehen.

Die gelben bis roten, unglasierten Klinkerplatten für Gehsteige erzeugt man aus Steinzeugmassen durch Pressen und Brennen, ebenso wie die für Stiegenhäuser, Badezimmer usw. bestimmten, buntgemusterten Mettlacherplatten, deren einzelne Farbteile aus Mischungen von Ton und Metalloxyden bestehen. Die Farbpulver werden feucht mit Metallschablonen in Formen gefüllt, gepreßt und hart gebrannt.

3. **Steingut, Fayence** und **Majolika** sind Sammelnamen für glasierte Tonwaren mit porösem Scherben. Vorzügliches Steingut wurde zuerst in England aus weißbrennendem Ton und Feuerstein („Flint“, daher Flintware) hergestellt, „englisches Steingut“. Die deutsche Steingutindustrie hat sich nach Auffindung geeigneter Tone (Salzmünde, Colditz usw.) rasch entwickelt. Die geformten Gegenstände, besonders Tafel- und Waschgeschirre, werden bei ziemlich hoher Temperatur gebrannt (Biskuit- oder Schürbrand bei Segerkegel 3—10). Nach der Bemalung wird eine Bleiglasur aufgebrannt (Glasurbrand). Feines „englisches“ Steingut ist dem Porzellan ähnlich, „Halbporzellan“, jedoch wohlfeiler. Im Gebrauche erhält die Glasur feine Sprünge, Haarrisse. Steingutgefäße werden auch mit farbigen Glasuren übergossen, engobiert, und mit Metallüster versehen. Gemeines Steingut aus Ton mit 25—40% Kalk hat einen gelben bis grauen Scherben und eine undurchsichtig weiße oder farbige Glasur. Hierher gehören auch die weißen, blau bemalten Delfter Waren aus Holland und die einfarbigen oder bunt bemalten Wandfließen, Ofenplatten u. dgl.

4. **Töpferware,** Hafnergeschirr, hat einen braunen, roten oder grauen Scherben aus unreinem Ton. Es wird bei gelinder Glut gebrannt und meist nur innen mit einer Bleiglasur verseben, die gesundheitsschädlich sein kann.

Man prüft sie durch Kochen mit Essig und Zusetzen von Schwefelwasserstoffwasser: ein braunschwarzer Niederschlag, PbS, zeigt hohen Bleigehalt an.

Terrakotta oder Verglühgut ist unglasierte Töpferware. Blumentöpfe, Figuren, Bauornamente, Wassergefäße, z. B. die spanischen Alcarazzas, u. a.

5. **Ziegel,** Backsteine, sind auch heute noch die wichtigsten Bausteine unserer Häuser. Sie werden aus Lehm erzeugt. Der natürliche, unreine Ton wird eingesumpft, geknetet und meist mit Ziegelmaschinen geformt. Die lufttrockenen Formlinge werden gewöhnlich in Ring- oder Kanalöfen mit ununterbrochenem Betrieb bei rund 1000° gebrannt. Das aus den vorhandenen Eisenverbindungen entstehende Eisenoxyd färbt die Ziegel rot. Das deutsche Ziegel-Normalformat ist 25 × 12 × 6,5 cm. Ihr Gewicht beträgt etwa 3—3,5 kg. Formsteine für Rohziegelbauten, Hohlziegel, Dachziegel verlangen sorgfältige Herstellung und werden oft einseitig glasiert. — Dachziegelsorten: Maschinenhohlpfannen, Hohlfalzziegel, Reformziegel, Mulden-Doppelfalzziegel. Auch durch Zement gebundene Tonziegel werden hergestellt.

6. **Feuerfeste Steine** für die Zustellung und Auskleidung von Öfen der verschiedensten Art bestehen meist aus Schamotte. Sie müssen einen Schmelzpunkt von mindestens 1600° C (Sk. 26) aufweisen, formbeständig, abschreckfähig und gegen schmelzende Metalle, Schlacken usw. genügend widerstandsfähig sein. Sie werden hergestellt aus einem Gemisch von rohem und vorgebranntem feuerfestem Ton.

Die vorzugsweise für Stahlschmelzöfen und Kokserzeugungsöfen benutzten sauren feuerfesten Steine (Silikasteine) werden aus reinem Quarzit, die sogenannten basischen Steine mit besonders hoher Feuerbeständigkeit aus Magnesit, neuerdings auch aus Gemischen von Magnesit und Chromerz, hergestellt. Hierzu wird der natürliche Rohmagnesit bei 1500—1600° C gesintert und auf das erforderliche Korn vermahlen. Hieraus werden unter Anwendung sehr hoher Preßdrucke Normal- und Formsteine, insbesondere für die stahlerzeugende Industrie, hergestellt und bei sehr hoher Temperatur gebrannt. Neben den gebrannten Steinen spielen auch die Stampfmassen eine wichtige Rolle, die sowohl sauren als auch basischen Charakter besitzen können und die vielfach für Reparaturzwecke, aber auch zur Herstellung von ungebrannten Formlingen dienen.

VII. Glaswaren

Glas, ein ebenso schönes wie unentbehrliches Erzeugnis, wird in Deutschland ganz aus heimischen Rohstoffen hergestellt. Das Glas wird als starre Flüssigkeit oder unterkühlte Schmelze aufgefaßt. Chemische Formeln kann man ihm nicht zuschreiben, da Gemenge verschiedener Verbindungen vorliegen. Es bricht muschelig, ist in den meisten Flüssigkeiten unlöslich und ein schlechter Wärme- und Elektrizitätsleiter. Bevor es vollständig schmilzt, geht es in einen bildsamen Zustand über. Nach der Zusammensetzung unterscheidet man die gewöhnlich verwendeten Kalkgläser, die in Natronglas und Kaliglas unterschieden werden ($d = 2{,}5$), und die schweren, leicht schmelzbaren Bleigläser ($d = 3{,}1$—$3{,}4$).

Natronglas wird aus Quarz, Kalkstein und Soda, Kaliglas aus Quarz, Kalkstein und Pottasche, Bleiglas aus Quarz, Bleiglätte und Pottasche hergestellt.

Quarz ist der wichtigste Rohstoff der Glaserzeugung. Er ist Siliziumdioxyd, SiO_2, das als Feuerstein, Sand und in anderen Formen vorkommt und sich auch im Granit findet.

Kalkstein ist Kalziumkarbonat, $CaCO_3$, und kommt rein als Marmor, Schlämmkreide usw. zur Verwendung.

Soda, Na_2CO_3, wird häufig durch das wohlfeilere Natriumsulfat, Na_2SO_4, und Kochsalz, $NaCl$, ersetzt. Für das Glas kommt nur Natrium in Betracht, die Säurereste müssen entfernt werden, was allerdings im ersten Falle am leichtesten ist.

Zur Erzielung von Spezialgläsern für optische oder chemische Zwecke verwendet man auch Zinkoxyd, Bariumnitrat, Borsäure, Ton u.a. Die Stoffe, die man dem Quarz zur Glasbildung zusetzt, nennt man auch Flußmittel.

Entfärbungs- oder Läuterungsmittel: weißer Arsenik, Salpeter und Braunstein (Glasmacherseife). Färbungsmittel: Eisenverbindungen für gelbe, braune und grüne Gläser, Braunstein für violette, Kupferoxyd, Kobaltoxyd (mit Nickel oder Mangan abgetönt) für blaue, Chromoxyd (mit und ohne Kupferoxyd) für grüne Gläser, Kupfer oder kolloides Gold für rubinrote Gläser. Ein reichlicher Zusatz von Braunstein und Kobaltoxyd färbt schwarz.

Die Erzeugung des Glases zerfällt in 1. Die Herstellung des Rohstoffgemisches, Gemenge genannt. (Das Gewichtsverhältnis der Rohstoffe, z.B. für weißes Fensterglas, 100 Teile Quarzsand, 37 Teile Natriumsulfat, 0,9 Teile Kokspulver, 5 Teile Soda, 36 Teile Kalkstein heißt Glassatz.) 2. Das Einschmelzen in Schamottegefäßen, „Häfen", in einem runden Ofen oder in einem Wannenofen mit weitem Innenraum und Gasfeuerung. Durch starkes Erhitzen, Heißschüren, schmilzt das Gemenge und läutert sich. Gasblasen steigen auf, die unlöslichen Stoffe sondern sich ab. Ist dies geschehen, so erniedrigt man die Temperatur, Kaltschüren, wodurch die Masse formbar wird. 3. Formen des Glases durch Blasen mit der Glasmacherpfeife oder einer Blasmaschine, durch Pressen in Formen, durch Gießen, durch Ziehen usw.

1. **Hohlglas** heißen alle geblasenen Waren, z.B. Flaschen, Trinkgläser, gewöhnliche Fensterscheiben. Der Arbeiter taucht ein langes, oben mit Holz umgebenes Eisenrohr, die Glasmacherpfeife, in die Glasmasse und bläst den daran hängenbleibenden Glasklumpen zunächst zu einer Kugel auf, die er entweder aus freier Hand oder durch Aufblasen in geeigneten Hohlformen formt. Fig. 16 zeigt die Stufen der Herstellung eines Weinglases als Beispiel.

Die Massenerzeugung von Flaschen und Glühbirnen ermöglichte erstmalig die Owensmaschine (um 1900), die am Tage bis zu 60000 Bierflaschen oder 115000 weithalsige Gläser von sehr gleichmäßiger Beschaffenheit lieferte und nur einige Arbeiter brauchte.

Sie ist seither weiter vervollkommnet und von Maschinen anderer Art noch übertroffen worden.

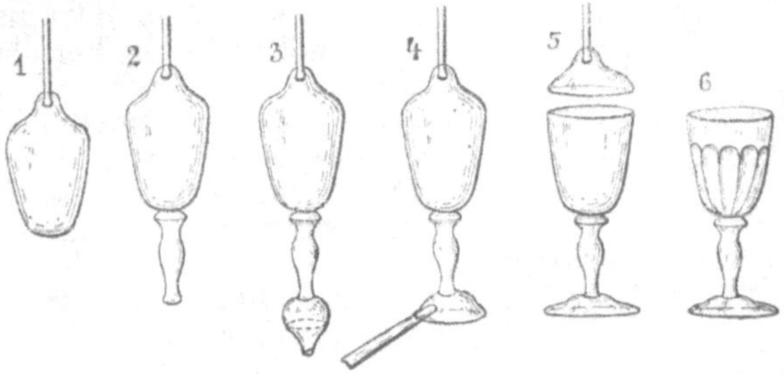

Fig. 16. 1—6, Stufen der Erzeugung eines Weinglases.

Die geblasenen Gegenstände läßt man in einem vorgewärmten Ofen sehr langsam abkühlen, damit sie nicht zu spröde werden. Für Gegenstände, die starke Wärmeunterschiede aushalten sollen, Lampenzylinder, chemische Gerätschaften u. dgl., verwendet man Verbundglas, das man durch Überfangen von einigen Glasmassen von verschiedenem Ausdehnungsvermögen formt und neben anderen, besonders gekühlten und sehr widerstandsfähigen Glassorten als Hartglas bezeichnet. Durch Blasen in Formen werden Glasbausteine hergestellt. Große, dickwandige Gefäße für Akkumulatoren werden nach dem Verfahren von Sievert erzeugt.

2. **Tafelglas** bildet dünne, ebene Platten verschiedener Größe. Durch Blasen erzeugtes und zu Tafeln ausgebreitetes Glas heißt nach seiner Entstehung Walzenglas.

Der Glasbläser bläst mit der Pfeife weite Glaszylinder (Fig. 17). Die Kappen werden abgeschnitten, die Zylinder der Länge nach aufgesprengt (B) und in einem Ofen zu Tafeln gestreckt. Die Arbeitsweise ist überholt. Heute

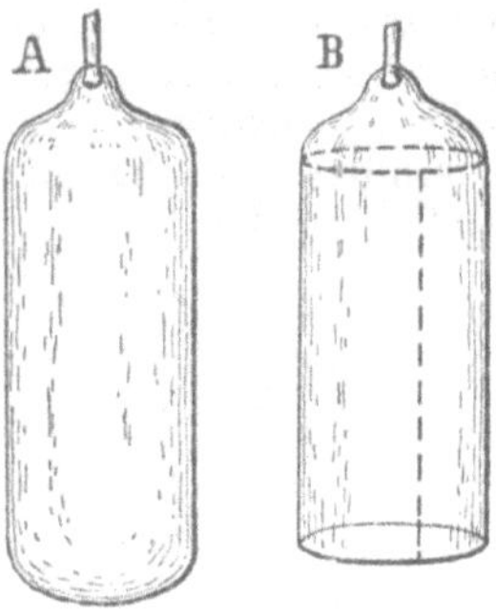
Fig. 17. A. Fertiggeblasene Walze für Tafelglas. B. Walze abgeschnitten und aufgesprengt.

wird Tafelglas nach dem Fourcault-Verfahren durch Emporziehen eines breiten Streifens zähflüssigen Glases bei 900—950° durch den Schlitz eines Schwimmkörpers mit Asbestwalzen oder nach dem Libbey-Owens-Verfahren hergestellt. Dieses arbeitet ohne Düse. Der Saum des Glasbandes wird von geriffelten Führungsrollen gepackt. Kurz vor seiner Erstarrung biegt man das Glasband über eine polierte Stahlwalze in die Waagerechte ab.

Tafelglas von 2—4 mm Dicke, das den hauptsächlichsten Anteil ausmacht, wird als Bauglas bezeichnet und in erster Linie für Fensterverglasung gebraucht. DIN 1249 legt folgende Dicken fest: 2 mm (ED = Einheitsdicke, früher 4/4), 3 mm (früher 6/4), 3,8 mm (früher 8/4). Tafelglas unter 2 mm gelangt in der Dicke von 0,6—0,8 mm, 0,8—1,2 mm, 1,2—1,5 mm und 1,51—1,8 mm („Nut") auf den Markt („Dünnglas", für Bilderverglasung und Trockenplatten). Dickglas ist 4,5—5, 5,5—6 oder 6,5—7 mm stark; für Fahrzeugverglasung, Spiegel, Möbelgläser.

3. **Preßglas** preßt man aus dünnflüssigem Glase in zerlegbaren gußeisernen Formen, indem man einen Metallkern eindrückt, um den Hohlraum zu erzeugen. So werden Dachziegel, Trinkgläser und viele technische Glaswaren geformt. Ist das Glas in der Form erstarrt, so gelangt es in den Kühlofen. Manche Gegenstände werden geschliffen. Das Siemenssche Drahtglas, das besonders als Dachglas dient, stellt man her, indem man in gegossene Glasplatten, solange sie noch weich sind, Drahtgeflechte einpreßt.

4. **Gußglas** wird durch Ausgießen von etwa 1100° heißem dünnflüssigem Glas auf eisernen Gußtischen und Auswalzen erzeugt. In die erhaltenen Glasplatten kann man mit vertieft geschnittenen Walzen, die über die weiche Glasmasse gerollt werden, Muster einpressen, „Ornamentglas". Hierher gehört auch das „Marmorglas". Aus dick gegossenen Platten erzeugt man durch Glattschleifen mit Schmirgel und Polieren das Spiegelglas. Es wird in Platten bis zu 4 × 6 m Größe erzeugt. Das Bicheroux-Verfahren arbeitet mit 2 sich drehenden Walzen, zwischen die die Glasmasse aus dem mit einem Kran angehobenen und gekippten Glashafen fließt. Auch im stetigen Fließverfahren wird Gußglas hergestellt.

5. **Kristallglas** ist hochwertiges, farbloses und fehlerfreies Hohlglas, das mit Schleifscheiben geschliffen und sorgfältig poliert wird. Man unterscheidet u.a. Kalkkristallglas und Bleikristall. Werden durch geschmirgelte Kupferscheibchen Verzierungen eingeritzt, so erhält man die gravierten Gläser. Das Färben der Gläser geschieht im Glassatze durch Zusatz der oben angegebenen Metalloxyde oder Metalle. Häufig werden farbige Gläser aus mehreren Schichten von farblosen und farbigen Glasmassen, Überfangglas, erzeugt; durch Ausschleifen oder Ausätzen einzelner Schichtteile ergeben sich schöne Verzierungen, Biedermeiergläser.

Milchglas, Beinglas, Opalglas ist durch Zusatz von Fluoriden (Kryolith) getrübt. Mattglas wird durch das Sandstrahlgebläse, das einen scharfen Sandstrahl gegen die Glasoberflächen bläst, oder durch Ätzen erzeugt; durch Aufbringen von Schutzschichten können wohlfeile gemusterte Gläser (dessiniertes Glas) hergestellt werden. Feine Zeichnungen werden mit Flußsäure eingeätzt, wobei Asphaltlack als Deckgrund dient.

Emailgläser sind leicht schmelzbare, mannigfach gefärbte Blei-Borsäuregläser, die zum Bemalen von Glas- und Porzellanwaren, sowie zum Glasieren von Töpferwaren und eisernen Kochgeschirren dienen. Diese erhalten zunächst ein Grundemail, das geringe Mengen von „Haftoxyden" (Kobalt, Nickel) enthält und danach eine oder mehrere Schichten Deckemail. Straß nennt man farblose oder farbige, stark lichtbrechende Bleigläser, mit denen man Edelsteine nachahmt. Der Name erinnert an den Erfinder J. Strasser, einen Wiener. Besonders stark lichtbrechende Gläser werden aus thalliumhaltigen Glassätzen erschmolzen. Optische Gläser für Fernrohre, Mikroskope usw. sind farblose, stark lichtbrechende Gläser. Die Sorten Barytkron- und Flintgläser, Borosilikat-, Phosphatgläser u.a. haben verschiedenes Lichtbrechungsvermögen.

Glasröhren bildet man durch rasches Ausziehen von noch weichen, dickwandigen Glaskugeln zu 10—15 m langen Röhren. Ihr Durchmesser beträgt 2—60 mm. Auf ähnliche Weise macht man aus Glasklumpen Glasstäbe. Schott erzeugt Thermometerröhren aus schwerschmelzbarem Borosilikatglas und höchst widerstandsfähige Wasserstandsröhren aus Duraxglas.

Glaswolle, aus zarten Glasfäden, wird durch rasches Ausziehen von Glasstäben erzeugt, die man in einem Gasgebläse erhitzt. Der entstehende Faden wird, auf einem Rade aufgewickelt, gesponnen. Sie dient zur Herstellung seidenglänzender Effektfäden, gekräuselte Glaswolle zum Filtrieren und als Isoliermittel. Auch Gewebe werden aus Glasfasern hergestellt.

Glasringe, Bangles, wurden aus Röhren oder Stäben in vielen Farben und Formen in und bei Gablonz (Böhmen) erzeugt (die Gablonzer Industrie ist in Westdeutschland neu erstanden) und bilden beliebte Schmuckringe für die Füße und Arme indischer und afrikanischer Schönen.

Glasperlen stellt man entweder durch Zerschneiden von Glasröhren zu kurzen Stücken und Abschmelzen der scharfen Bruchkanten her oder man bläst sie aus Glasröhren. Die Glasperlenerzeugung wird in Thüringen, in Nordböhmen und in Venedig betrieben. Die den echten Perlen ähnlichen Wachsperlen werden innen mit der aus den Schuppen eines Weißfisches erzeugten Perlenessenz überzogen und mit Wachs ausgefüllt.

6. **Glasspiegel,** aus möglichst farblosem Spiegelglas, werden durch Niederschlagen von metallischem Silber aus einer aufgegossenen Silberlösung durch ein Reduktionsmittel hergestellt. Um die sehr dünne Silberschicht gegen Abreiben zu schützen, überzieht man sie mit Ölfarbe.

7. **Quarzglas** ist geschmolzener Quarz. Dieser schmilzt ohne Zusatz von Flußmitteln erst in der Hitze des Knallgasgebläses oder des elektrischen Ofens und erstarrt zu einer amorphen Masse. Aus Quarzglas stellt man Gerätschaften für die Industrie sowie für chemische und physikalische Laboratorien her. Sie sind gegen die größten Temperaturschwankungen unempfindlich, halten auch chemischen Einflüssen besser stand als gewöhnliches Glas und dienen zum Konzentrieren von Schwefelsäure, zur Reduktion von Wolframsäure durch Wasserstoff usw.

Aus Quarzglas sowie aus einem für ultraviolette Strahlen ebenfalls gut durchlässigen Phosphatglas werden Quecksilberdampflampen hergestellt.

8. **Wasserglas** heißt die sirupartige Lösung von Kalium- oder Natriumsilikat in Wasser (d = 1,3, 38° Bé). Trockenes Wasserglas ist eine grünliche, glasartige Masse mit muscheligem Bruch. Durch Zusammenschmelzen von Sand mit Pottasche entsteht Kaliwasserglas, mit Soda oder Sulfat Natronwasserglas. Dieses dient als Flammenschutzmittel, als Zusatz zu Seife, für Kitte, zum Konservieren von Eiern und für viele andere Zwecke, jenes als Bindemittel für Anstrichfarben (Silikatmalerei).

VIII. Mineralfarben und Schreibmittel

A. Mineralfarben

Die Erzeugung von Mineralfarben und ihre Verarbeitung auf Anstrich-, Rostschutz- und Künstlerfarben bildet einen bedeutenden Industriezweig der BR. Mineralfarben sind in Wasser unlösliche, zum Anstrich geeignete, feinst gemahlene und oftmals auch geschlämmte Farbpulver. Natürliche Erdfarben werden aus weißen oder bunten Erden und Steinen, künstliche Mineral- oder chemische Farben auf chemischem Wege hergestellt.

a) Weiße Farben:

1. **Bleiweiß** ist basisches Bleikarbonat, das man meist erzeugt, indem man Essig und Kohlensäure auf Blei-

platten einwirken läßt. Da es sehr giftig ist, wurden besondere Verordnungen über seine Verarbeitung erlassen. Bleiweiß kommt als schweres, weißes Pulver oder in Form von Kegeln oder Platten in den Handel. d = 6,5. Mit Leinölfirnis angerieben gibt es eine sehr gut deckende und wetterbeständige Anstrichfarbe, die aber den Nachteil hat, sich an schwefelwasserstoffhaltiger Luft zu bräunen. Reines Bleiweiß heißt Kremser- oder Berlinerweiß und wird insbesondere in Köln, Magdeburg und in Kärnten erzeugt. Bleiweiß Z ist ein Gemisch von 70% Bleiweiß und 30% Zinkweiß, Sulfobleiweiß ein durch Oxydation von Bleiglanz hergestelltes basisches Bleisulfat. Mit 50—80% Schwerspat gestrecktes Bleiweiß heißt Venezianer-, Holländer- und Hamburgerweiß.

2. **Zinkweiß** ist Zinkoxyd, ZnO, und wird gewöhnlich durch Verbrennen von Zinkdampf als lockeres, weißes Pulver erhalten. Es kommt mit zunehmender Feinheit als Rotsiegel, Grünsiegel und Weißsiegel in den Handel. Zinkweiß ist nicht giftig und wird durch Schwefelwasserstoff nicht gebräunt. Es wird nicht nur als Anstrichfarbe, sondern auch als Kautschukfüllstoff, für Puder und andere Zwecke in großem Umfange angewendet. Die Welterzeugung betrug 1929 300 kt. — Als Farbenzinkoxyd oder „Zinkoxyd" schlechtweg versteht man im Handel mehr oder weniger gelb- oder graustichige Pigmente, die direkt aus Erzen gewonnen werden und bis 10% Bleioxyd („Zinkoxyd") oder mehr („bleihaltiges Zinkoxyd") enthalten.

3. **Lithopone** ist ein aus Zinksulfid (ZnS) und Bariumsulfat ($BaSO_4$) bestehendes Pigment, das durch wechselseitige Ausfällung von Zinksulfatlösung und Bariumsulfidlösung und Trocknen, Glühen, rasches Abkühlen („Abschrecken") und Mahlen des entstandenen Niederschlages gewonnen wird. Als Rohstoff dienen einerseits Zinkabfälle oder zinkhaltige Schwefelkiesabbrände von der Schwefelsäureerzeugung und anderseits Schwerspat, der durch Glühen mit Kohle zu Bariumsulfid reduziert

wird. Lithopone ist ebenso wie Zinkweiß ungiftig und wird durch Schwefelwasserstoff nicht verfärbt. Unter Zusatz einer geringen Menge Kobaltsalz hergestellte Lithopone ist lichtecht. Ihre Deckfähigkeit wird durch den Gehalt an Zinksulfid bestimmt. Die am meisten hergestellte Sorte, „Rotsiegel", enthält 30% ZnS, Gelbsiegel 15%, Grünsiegel 40%, Bronzesiegel 50%, Silbersiegel 60%. Reines Zinksulfidpigment ist als „Sachtolith" im Handel. Die Lithopone befriedigt mehr als die Hälfte des Weltbedarfes an Weißfarben. Die deutsche Erzeugung beträgt etwa 100 kt, die Welterzeugung 300 kt. Lithopone und Sachtolith dienen nicht nur zum Anstreichen, z.B. von Türen, Fensterrahmen, Möbeln, sondern auch zum Färben von Kautschuk, Linoleum und Kunststoffen. Für Anstrichzwecke ist die ölsparende „ö-Lithopone" besonders geeignet, die im Gegensatz zu der „reingefällten", „r-Lithopone" einen Teil des Bariumsulfats als gemahlenen natürlichen Schwerspat enthält.

4. **Titanweiß** wird aus dem Mineral Ilmenit gewonnen. Aus der durch Aufschließen mit heißer Schwefelsäure erhaltenen, stark eisenhaltigen Lösung fällt beim Kochen weißes Titandioxyd, TiO_2, aus, das durch Glühen und Mahlen in das Pigment übergeführt wird. Reines Titandioxyd, das ein sehr hohes Deckvermögen hat, wird zum Färben von Kautschuk und Kunststoffen sowie zum Mattieren von Kunstseide benützt. Als Pigment für Anstrichfarben dient Titanweiß, das neben TiO_2 Bariumsulfat, Zinkweiß oder Aluminiumoxyd enthält.

5. **Blancfixe** ist künstlich gefälltes Bariumsulfat. Es dient als Substrat für Farblacke, sowie in großem Umfange in der Papierindustrie als Färbe- und Füllmittel (z.B. für Fotopapiere). Es kommt vorwiegend in Teigform in den Handel.

6. **Satinweiß,** ein durch Fällen von Alaunlösung mit Kalkmilch gewonnenes Pigment, wird ausschließlich in der Papierindustrie verwendet.

7. **Kreide** setzt sich größtenteils aus mikroskopisch kleinen Schalen von Urtierchen zusammen und ist ihrer chemischen Zusammensetzung nach Kalziumkarbonat. Sie bildet eine rein weiße, erdig abfärbende Masse, in die Sandkörnchen und Feuerstein eingelagert sind. Große Kreidelager finden sich auf Rügen (Stubbenkammer), bei Itzehoe in Schleswig-Holstein, in der Champagne, an der Küste des Ärmelkanals und in Schweden. Die rohe, in Blöcken gebrochene Ware kommt als Berg- oder Champagnerkreide in den Handel. Schreibkreide, zu Stangen geformt, wird in Schachteln verkauft. Tafelkreide wird häufig aus Gemischen von Magnesia, Ton und Kreide gepreßt. Durch Schlämmen gereinigte Schlämmkreide ist ein gutes Zahnputz- und Glättemittel. Durch Verkneten mit Leinölfirnis gibt sie Glaserkitt, mit Leimwasser angerührt dient sie als weiße Zimmertünche.

8. **Ton** (Malerton, Kaolin, China clay) wird wie Kreide vielfach als Leimfarbe in der Zimmermalerei angewendet. Er ist zwar nicht so rein weiß wie diese, deckt aber besser. Ton dient auch in großem Umfange als Füllmittel für Seife.

b) **Gelbe und braune Farben:**

1. **Ocker** sind gelbe bis braune, ungiftige und unveränderliche Erdfarben. Der Hauptsache nach bestehen sie aus Ton oder Mergel, der durch Eisenoxydhydrat gefärbt ist. Die bergmännisch gewonnenen Ockererden werden geschlämmt, getrocknet und gemahlen. Besonders geschätzt sind die „französischen Ocker", die aber nicht immer aus Frankreich kommen. Andere Handelssorten sind Goldocker, Satinober, Terra di Siena. Gebrannte Ocker sind braunrot. Alle Ockerarten sind wohlfeil und in allen Mal- und Anstrichtechniken verwendbar. — Umbra, zyprische Umbra, ist ein manganhaltiger Ocker, Kölnische Umbra oder Kasseler Braun dagegen eine eisenoxydhaltige Braunkohle.

2. **Eisenoxydgelb** wird in mancherlei Farbtönen auf chemischem Wege, meist durch nasse Oxydation von

metallischem Eisen, hergestellt, ist viel farbkräftiger als Ocker und wird in weitem Umfange angewendet.

3. **Chromgelb** ist Bleichromat und wird durch Fällen von Bleisalzlösungen mit Kaliumchromat hergestellt. Es ist giftig, nicht lichtbeständig, aber schön und verhältnismäßig wohlfeil und kommt in den Sorten zitron, goldgelb, hellorange und dunkelorange, mit Gips oder Schwerspat vermischt als „Pariser-" und „Neugelb" in den Handel.

4. **Zinkgelb** ist basisches Zinkchromat, hochgelb und ziemlich lichtbeständig.

5. **Kadmiumgelb** wird durch Fällen von Kadmiumsalzen mit Schwefelwasserstoff erzeugt, ist feurig gelb und deckt gut, ist aber teuer.

6. **Bleicyanamid** dient als Rostschutzpigment.

c) **Rote Farben:**

1. **Eisenoxydrot** (Eisenrot, Englisch-, Engel-, Pompejanisch-, Indisch- oder Berlinerrot, Eisenmennige) wird aus Roteisensteinen durch Mahlen und Schlämmen, durch Glühen von Eisenvitriol oder auf nassem Wege bereitet und bildet eine beständige, wohlfeile Mineralfarbe, die viel zum Anstreichen von Holz (Skandinavien) Eisen, Mauerwerk usw. verwendet wird. Tiefrote bis violette Eisenfarben werden durch Glühen von Eisenoxyd mit Kochsalz erzeugt.

2. **Zinnober** (Chinesischrot, Vermillon) ist Quecksilbersulfid, HgS, das selten aus Bergzinnober, gewöhnlich durch Verreiben von Quecksilber mit Schwefel und Sublimieren des entstandenen „Mohrs" hergestellt wird. Das Sublimat ist dunkelrot, strahlig-kristallinisch (Stückzinnober), wird feinst gemahlen und gibt mehrere Farbenstufen. Auf nassem Wege wird eine feurige Farbe erzeugt. Am schönsten, jedoch teuer ist der echte chinesische Zinnober. Zinnober wird mit Mennige, Eisenoxyd oder Schwerspat verfälscht; Erkennung durch Erhitzen: reiner Zinnober verflüchtigt sich, etwaige Zusätze bleiben als Rückstand.

3. **Mennige** (Minium, Saturnrot) ist ein Bleioxyd der Formel Pb_3O_4, das durch oxydierendes Erhitzen von Bleiglätte erzeugt wird. Mit Leinöl angerieben dient sie als Rostschutzfarbe. Als Künstlerfarbe ist sie ungeeignet, da sie nicht lichtbeständig ist. Mennige läßt sich weitgehend mit gemahlenem Schwerspat strecken.

d) Grüne Farben:

1. **Grünerde** (Veroneser-, Tiroler-, Permanent-, Kadnergrün) ist eine graugrüne Erdfarbe, die durch Mahlen von verschiedenen durch Eisensilikat gefärbten Mineralen erzeugt wird. Sie ist nicht giftig, wohlfeil, aber unscheinbar. Grünerde dient vielfach als Substrat für organische Farbstoffe.

2. **Schweinfurtergrün** (Kaiser-, Wiesen-, Patent-, Mitis-, Deck-, Englisch-, Seidengrün) besteht aus einer Doppelverbindung von essig- und arsenigsaurem Kupfer. Es ist eine prächtig grüne, jedoch höchst giftige, nicht ganz lichtechte, ziemlich teure Farbe. Es darf wegen seiner hohen Giftigkeit weder zum Tapetendruck, zur Zimmermalerei, noch zum Anstreichen von Spielsachen gebraucht und in einigen Ländern nur an Besitzer von Giftscheinen abgegeben werden. Es wird auch zur Bekämpfung von tierischen Schädlingen verwendet.

3. **Chromoxydgrün** (Laub-, Ölgrün) ist Chromoxyd, Cr_2O_3, und wird durch Glühen von Chromaten in mehreren Feinheitsgraden und Gütesorten erzeugt. Es ist lichtecht und beständig und wird in der Kunstmalerei und für Tapeten- und Banknotendruck viel verwendet.

4. **Grüne Zinnober** oder Chromgrün heißen Mischungen von Chromgelb und Pariserblau, die meist noch mit Schwerspat verschnitten sind.

5. **Zinkgrün** sind entsprechende Mischungen mit Zinkgelb.

e) Blaue Farben:

1. **Ultramarin** ist leuchtend blau, licht- uud luftecht, ungiftig und wohlfeil. Gegen Kalk ist es beständig, wird aber durch Säuren unter Schwefelwasserstoffentwick-

lung zersetzt. Einst durch Mahlen von Lasurstein erzeugt, wird es heute ausschließlich durch Glühen eines Gemenges von Kaolin, Soda oder Glaubersalz, Schwefel und Holzkohle fabriksmäßig bereitet. Die Farbe wird mit weißen Pigmenten gestreckt, um verschiedene Töne zu erzielen. Durch besondere Verfahren werden Ultramarinrot, -grün und -violett hergestellt. Ultramarin wird in großer Menge zum Tapeten- und Zeugdruck, in der Zimmermalerei, zum Bläuen von Wäsche, Papier, Stärke, Zucker usw. benützt. Einsiedezucker darf wegen der im Obst enthaltenen Säuren nicht mit Ultramarin gebläut werden.

2. **Pariserblau** (Berliner-, Preußisch-, Ölblau) ist Zyaneisen und bildet dunkelblaue Stücke mit Kupferglanz. Es wird von Säuren nicht angegriffen, durch Laugen aber verfärbt. Man erzeugt es durch Fällen von Eisen(3)-Salzlösungen mit gelbem Blutlaugensalz. Pariserblau ist lichtecht, nicht giftig und eine vorzügliche, lasierende Malerfarbe.

3. **Kobaltblau** (Thenardsblau, Kobaltultramarin) ein reinblaues Pulver, das durch Glühen von Tonerde mit Kobaltverbindungen erzeugt wird, ist eine vorzügliche, harmlose Künstlerfarbe.

4. **Smalte** (Kaiser-, Sächsisch-, Streublau, Eschel) ist ein hellblaues, säurefestes Pulver, das man durch Mahlen von Kobaltglas herstellt.

f) Schwarze Farben:

1. **Eisenoxydschwarz** (Fe_3O_4) wird gewöhnlich auf nassem Wege bereitet. Es ist ein tiefschwarzes, stark färbendes Pigment.

2. **Beinschwarz** (Elfenbeinschwarz) ist gemahlene und geschlämmte Knochenkohle. Feine Marken erzeugt man durch Glühen von Elfenbeinabfällen. Man stellt damit schwarze Firnisse, Schuhwichse usw. her.

3. **Frankfurter-** oder **Rebenschwarz** dient hauptsächlich als Druckfarbe und wird durch Verkohlung von Weinhefe, Weintrestern oder Rebenholz bereitet.

4. **Ruß** (Flamm- und Kienruß, Lampenschwarz) ist ein lockeres, tiefschwarzes Pulver, das aus reinem Kohlenstoff besteht. Er wird durch Verbrennen organischer Stoffe wie Erdöl, Erdgas, Kampfer bei beschränkter Luftzufuhr erzeugt (Gasruß). Durch Anreiben von Ruß mit Leinölstandöl erhält man die Druckerschwärze. Ruß ist ferner ein wichtiger Bestandteil vieler Kautschukmischungen. Zufolge dieser Verwendungen ist der Ruß-Weltverbrauch mit 200 kt recht erheblich.

g) **Bronzefarben** (Metallbronzen, Brokatfarben) sind feine Pulver aus Blattmetallen (Cu, Al, Messing usw.), die oft durch „Anlaufen“ oder mit Teerfarben gefärbt werden (Nürnberg, Fürth). Sie werden zum Bronzieren, als Malerfarben usw. verwendet.

h) **Leuchtfarben,** die nach Bestrahlung mit Sonnenlicht oder Kunstlicht stundenlang nachleuchten, bestehen aus sehr reinem Zinksulfid, das mit geringen Kupfermengen geglüht wurde (Nachleuchtfarbe gelbgrün), oder aus Kalzium- und Strontiumsulfid mit Wismutspuren (blaues Nachleuchten).

i) **Organische Pigmentfarben** sind meist auf anorganischen Substraten, wie Tonerde, niedergeschlagene, unlösliche organische Farbstoffe. Sie sind durch leuchtende Farbtöne ausgezeichnet und werden hauptsächlich als Druckfarben (z. B. für Plakatdruck) verwendet.

Hansagelb G, 3G, 5G, 10G, Litholrot R (Signalrot) sind Azofarbstoffe, die Fanal-Farben sind mit Phosphor-Wolfram-Molybdänsäure lichtecht gemachte Triphenylmethanfarbstoffe. Das sehr lichtechte Heliogenblau und Heliogengrün gehören in die Gruppe der mit dem Blut- und dem Blattgrünfarbstoff verwandten Phtalocyanine. Auch Krapplack, aus alkalischer Alizarinlösung mit Alaun gefällt, Indigo und Indanthrenfarben dienen als Pigmente.

B. Schreibmittel

1. **Graphit** (Reißblei, Wasserblei) ist ein blättrig kristallines (Flinzgraphit) bis dichtes eisenschwarzes Mineral. Er ist glänzend, undurchsichtig und so weich (H = 0,5—1), daß er leicht abfärbt. d=2,1. Graphit besteht aus reinem Kohlenstoff, die besten Sorten enthalten 99,5, geringe 50—80% C, neben Kalk, Sand und Eisenoxyd. Er ist unschmelzbar, ungiftig und ein guter Elektrizitätsleiter. Fundorte: Südlicher Böhmerwald und bayrischer Wald (Oberzell bei Passau; Flinzgraphit), Niederösterreich, Ceylon (beste Sorte), Sibirien (Alibertgruben), Neuseeland, USA, Mexiko, Kanada. 1934 wurden im DR 17500 t, in Österreich 18100 t Rohgraphit gefördert. Graphit wird auch künstlich aus Kohle im elektrischen Ofen hergestellt (Acheson-Graphit, Niagarafall).

Verwendung: Mit Ton gemengt, zur Herstellung von Schmelztiegeln, zum Einstauben der Sandformen für den Eisenguß, in der Bessemerstahlerzeugung zur Rückkohlung, als Ofenschwärze, zum Leitendmachen der Wachsmatritzen der Galvanoplastik, als Schmiermittel für Maschinen.

Bleistifte. Schon 1665 schnitt man in England aus dem vorzüglichen Graphit jetzt erschöpfter Lager Stäbchen. Seit 1770 werden die Stäbchen, Minen genannt, nach dem von Hardtmuth in Wien erfundenen Verfahren aus einem Gemisch von reinem Graphit mit Ton gepreßt. Je nach der Form der Preßlöcher entstehen runde oder kantige weiche Stäbchen, die man nach dem Trocknen in Tonkapseln hart brennt. Die Minen für Maschinenstifte, Crayons, werden als solche verkauft, jene für die gewöhnlichen Bleistifte in Holz gefaßt. Für wohlfeile Sorten nimmt man Fichten-, Erlen-, Lindenholz, das man mitunter verschiedenartig tränkt, für bessere „Zedernholz“ vom virginischen Wacholderbaum, das sich leicht schneidet, angenehm riecht und schön gefärbt ist. Man sägt das Holz zu Brettchen, in die man Nuten hobelt, welche die Minen aufnehmen. Die gebräuchlichste Art der Fassung geht aus Fig. 18 hervor. Aus den erhaltenen Platten fräst man die Einzelstifte heraus, die schließlich geglättet, lackiert, mit dem Firmenaufdruck versehen und dutzendweise verpackt werden. Die Bleistifte werden nach ihrer Härte entweder mit Nummern oder mit H und B bezeichnet. Hauptsitze der Beistifterzeugung: Nürnberg, Budweis, Paris, London. Rot-, Blau- und andere Farbstifte werden aus Gemischen von Zinnober, Ultramarin und anderen Mineralfarben mit Talk, Ton, Kreide und Gummi gepreßt. Die Minen der Kopierstifte werden mit Methylviolett oder anderen Teerfarbstoffen hergestellt.

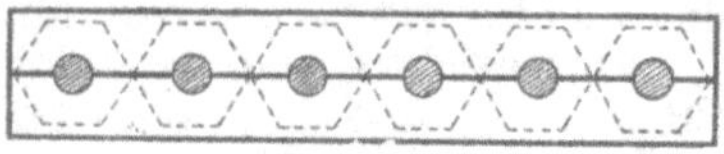

Fig. 18. Bleistiftfassung, lackiert

2. **Schiefertafeln** bestehen aus dunkelgrauem Tonschiefer, der im Rheinland, in Thüringen und im Harz gebrochen wird. Die durch Spalten erzeugten dünnen Tafeln werden mit Bimsstein geschliffen, mit Kohle geschwärzt und in Holzrahmen gefaßt. Schreibgriffel werden aus einem Schiefer gespalten, der in dünnen Stangen bricht. Heute stellt man sie zumeist aus gemahlenem und geschlämmtem Schiefer her, den man zu Stängelchen preßt. — Dachschiefer wird als „Schablonenschiefer" nach der Stückzahl oder als „Schuppenschiefer" nach dem Gewicht verkauft („Zentnerschiefer").

IX. Rohstoffe der chemischen Industrie

1. Die **Luft,** die gasförmige Hülle unseres Planeten, enthält in ihren unteren Schichten je m³ 780 l Stickstoff, 210 l Sauerstoff, 9,4 l Argon, geringe Mengen Neon und Helium, sowie wechselnde Mengen Kohlendioxyd und Wasserdampf. Sie ist ein wichtiger Rohstoff der chemischen Industrie, die aus ihr Preßluft, flüssige Luft, komprimierten Sauerstoff und Stickstoff, Stickstoffverbindungen aller Art und Edelgase herstellt. Ammoniak, Salpetersäure, Stickstoffdünger, Sprengmittel, rauchloses

Pulver und andere Waren haben die Luft als unmittelbaren oder mittelbaren Rohstoff.

Das Wasser ist der wichtigste, unentbehrlichste Hilfs- und Rohstoff der chemischen Industrie wie fast jeder Industrie überhaupt.

2. **Schwefel,** S, ist ein hellgelber, spröder, kristallinischer, in Wasser unlöslicher Grundstoff. d = 2,2. Er schmilzt bei 115° und ist destillierbar. Bei 250° entzündet er sich an der Luft und brennt mit blauer Flamme unter Entwicklung von Schwefeldioxyd (SO_2), das stark bleichend wirkt. Der Schwefel kommt in kristallinischen Lagern in Gips und Kalkstein vor. In Sizilien (bei Girgenti) wird der Schwefel aus dem Gestein in besonderen Öfen, Kalkaronen, ausgeschmolzen und in nassen Holzformen aufgefangen, in denen er zu Blöcken, Rohschwefel, erstarrt. Die italienische Produktion hat an Bedeutung verloren gegenüber der Gewinnung in Texas und Louisiana (USA), die 1949 4,8 Mio t betrug (Weltproduktion 5,5 Mio t). Der amerikanische Schwefel wird nach dem Verfahren von Frasch mit Wasser von 170° ausgeschmolzen und zutage gefördert. Auch bei der Reinigung von Steinkohlengas und von Wassergas wird Schwefel gewonnen („Gasschwefel").

Der Rohschwefel wird durch Destillieren oder Sublimieren gereinigt. Die Schwefeldämpfe werden in große, gemauerte Kammern geleitet. Sind diese höchstens 110° warm, so verdichtet sich der Schwefel an ihren Wänden als lockeres, hellgelbes Pulver, das man als Schwefelblumen verkauft. In heißeren Verdichtungskammern schmilzt der Schwefel und wird in kasten- oder röhrenartige Formen abgelassen, Blockschwefel und Stangenschwefel. Handelssorten sind ferner Brockenschwefel, Mahlschwefel und ventilierter Schwefel.

Schwefel dient zur Erzeugung von reinem Schwefeldioxyd und reiner Schwefelsäure, von Schwefelkohlenstoff, der in großen Mengen in den Zellwollfabriken gebraucht wird, von Zinnober und Ultramarin, zum Bestäuben von Weinstöcken als Mittel gegen den Rebenmehltau (Oidium Tuckeri), in der Zündhölzchenindustrie und zum Vulkanisieren des Kautschuks.

3. **Schwefelkies,** Eisenkies (Pyrit, FeS_2) bildet speisgelbe, metallisch glänzende Kristalle oder körnige Massen. d = 5. Die Welterzeugung betrug 1954 12,8 Mio t. Spanien gewann 1,9 Mio t (Rio tinto-Kies, kupferhaltig), Japan 2,7 Mio t, Italien 1,2 Mio t. Die BR besitzt in Meggen in Westfalen ein bedeutendes Vorkommen von zinkblendehaltigem Schwefelkies. Produktion 1955 614 kt. Schwefelkies ist der wichtigste Rohstoff für die Erzeugung von Schwefelsäure und Schwefeldioxyd. Die beim Abrösten des Kieses zurückbleibenden „Abbrände" bestehen aus Eisenoxyd und gehen in die Hochofenwerke. Die zinkhaltigen Abbrände des Meggener Kieses werden zuvor chlorierend geröstet und gelaugt; sie sind die Grundlage der deutschen Lithoponeindustrie. Aus den kupferhaltigen Abbränden wird Kupfer gewonnen.

4. **Salz,** Kochsalz (Natriumchlorid, NaCl) ist Mensch und Tier unentbehrlich. Der erwachsene Mensch verbraucht im Jahre etwa 7,5 kg. Es bildet ein weißes, kristallinisches Pulver. d = 2,2. Kochsalz ist in kaltem und heißem Wasser fast gleich löslich (37 T. in 100 T. Wasser) und wird besonders aus dem natürlichen Steinsalz gewonnen, das in Würfeln kristallisiert oder kristallinisch in großen Lagern, rein oder mit Ton oder Gips verunreinigt, vorkommt (H = 2).

Fundorte: In Mitteldeutschland bei Staßfurt, Sperenberg und Leopoldshall, in Württemberg bei Friedrichshall und Wilhelmsglück, in den Alpen bei Berchtesgaden, Hall, Hallein, Aussee, Hallstatt, Ischl, in Galizien bei Wieliczka und Bochnia.

Das reine Salz wird gemahlen, Mahlsalz. In vielen Salzlagern stellt man durch Auflösen des unreinen Salzes Salzsole her. Natürliche Sole wird besonders nächst Halle, bei Lüneburg und in Hannover gewonnen. Durch Eindampfen in großen Pfannen in den Salinen erzeugt man das Sudsalz oder Kochsalz, das man auf Horden oder in Trockenpfannen trocknet.

Im DR arbeiteten 1937 46 Salinen, die 608 kt Siedesalz erzeugten. Die Steinsalzerzeugung betrug 2757 kt. Großbritannien erzeugte 3,1 Mio t, Frankreich 2,3 Mio t Salz. In Österreich und in einigen anderen Ländern ist die Salzgewinnung Monopol des Staates. An den Küsten von Italien und Südfrankreich wird aus Meerwasser, das etwa 2,6% NaCl enthält, Seesalz in Salzgärten, Meersalinen, in denen man das Wasser verdunsten läßt, gewonnen. In den Polarländern läßt man das Salz aus dem Meerwasser ausfrieren.

Speisesalz ist für den menschlichen Gebrauch und zum Einpökeln von Fischen und Fleisch bestimmt. Es wird als kristallinisches Pulver in Säcken oder Fässern verkauft und unterliegt in der BR einer Abgabe. Um Tafelsalz streufähig zu erhalten, versetzt man es mit etwas Magnesia. Salz für andere Verwendungen wird durch bestimmte Zusätze ungenießbar gemacht, denaturiert und unterliegt dann nur einer geringen Abgabe. Hierzu gehört: Viehsalz, mit etwas Eisenoxyd und Wermutpulver oder Holzkohlenpulver vergällt, Industriesalz, für alle gewerblichen Zwecke, je nach seiner Bestimmung mit etwas Schwefelsäure oder Petroleum oder Kienöl (für Gerbereien) denaturiert. Von der Denaturierung kann abgesehen werden, wenn die Verwendung unter steueramtlicher Überwachung steht. — Das Salz ist der Rohstoff für die Erzeugung aller Natriumverbindungen und der Salzsäure und hat auch große Bedeutung in vielen Gewerben und Industrien. Sein Verbrauch über den Bedarf der Bevölkerung hinaus ist ein Maßstab für die chemische Industrie eines Landes.

Die Hauptmenge des deutschen Inlandabsatzes, rund 60%, wird als Industriesalz verwendet, 25% als Speisesalz, 15% für die übrigen Anwendungszwecke.

5. **Kalisalze.** Abraumsalze nannte man eine Reihe meist wasserlöslicher Kalium- und Magnesiumsalze, die in Staßfurt und Leopoldshall (DDR) über dem Steinsalz lagern. Als man Mitte des letzten Jahrhunderts die mitteldeutschen Salzlager erschloß, wurden die Abraumsalze als wertlos „abgeräumt“, heute werden

sie auch anderwärts im großen ausgebeutet und bilden die Rohstoffbasis der Kaliindustrie. Man baut heute Kalisalze in Anhalt, Thüringen, Hessen und Hannover sowie am Oberrhein ab, außerdem in Galizien, im Elsaß, in den USA, in Rußland und Spanien.

Die wichtigsten Kalirohsalze sind

1. Carnallit ($KCl \cdot MgCl_2 \cdot 6H_2O$) mit Beimengungen von NaCl und $MgSO_4 \cdot H_2O$ (Kieserit)
2. Sylvinit (KCl + NaCl)
3. Hartsalz (Sylvinit + $MgSO_4 . H_2O$)
4. Kainit ($KCl \cdot MgSO_4 \cdot 3H_2O$) mit Beimengungen von NaCl.

Sie werden auf Düngemittel verarbeitet (Düngerkainit mit 12—12% K_2O, 40er, 50er und 60er Kalidüngesalz, Kaliumsulfat, Kalimagnesia). Verkauf lose oder in Säcken.

Die Kalisalzgewinnung der DDR betrug 1955 1,5 Mio t K_2O, die der BR 1,7 Mio t K_2O; Welterzeugung 1955 ca. 7 Mio t K_2O. (Die Angabe des Kaligehaltes erfolgt traditionsgemäß als K_2O, Kaliumoxyd, wobei es sich um eine reine Rechengröße für Vergleichszwecke handelt.)

6. **Chilesalpeter** (Natronsalpeter, $NaNO_3$) ist der Hauptbestandteil der Salpetererde, Caliche, die in den regenarmen Grenzgebieten von Chile und Peru vorkommt. Früher als Stickstoffdünger und Rohstoff für Salpetersäure in großen Mengen nach dem DR eingeführt (1913: 832 kt), hatte er seit dem Kriege 1914—18 infolge der Gewinnung von Salpeter aus Luftstickstoff an Bedeutung verloren. 1949 stand Chile jedoch unter den Stickstofferzeugern der Welt mit einer 280 kt Stickstoff entsprechenden Produktion wieder an 2. Stelle.

7. **Schwerspat,** (Baryt, $BaSO_4$) wird jährlich in einer Menge von über 1 Mio t gefördert. Deutschland besitzt u.a. bedeutende Lager in Meggen. Der Meggener Spat ist grau und dient vorwiegend als „Reduzierspat“ zur Herstellung von Bariumsulfid für Lithopone, Bariumchlorid,

Bariumkarbonat und Blancfixe. Weißer „Mahlspat" kommt aus dem Harz und dient als Zusatz zu Weiß- und Buntfarben, sowie als Füll- und Beschwerungsmittel. Man unterscheidet 16 Weißklassen. Schießlich dient Schwerspat noch in der Metallurgie als Schmelzzuschlag und als Bohrspat für Erdölbohrungen, wofür er eine Dichte über 4,1 besitzen muß. (d des reinen Schwerspates: 4,5.)

X. Chemische Erzeugnisse

A. Mineralsäuren

1. **Schwefelsäure** (*Acidum sulfuricum*, H_2SO_4) ist eines der wichtigsten Erzeugnisse der chemischen Großindustrie. Sie ist eine farb- und geruchlose, ölige Flüssigkeit, wirkt höchst ätzend und verkohlt organische Stoffe. d der reinen, konzentrierten Schwefelsäure: 1,842, SP 338°. Sie zieht begierig Wasser aus der Luft an und muß daher in gut schließenden Flaschen aufbewahrt werden.

Beim Verdünnen mit Wasser (Vorsicht! — Eingießen von Schwefelsäure in Wasser, niemals umgekehrt!) tritt sehr starke Erwärmung und Verringerung des Flüssigkeitsvolumens (Kontraktion) ein.

Je verdünnter die Säure ist, desto geringer ist ihre d; man kann daher mit Hilfe des Aräometers den Gehalt einer Schwefelsäure bestimmen.

Zur Erzeugung von Schwefelsäure nach dem Kammerverfahren sind nötig: Schwefeldioxyd, SO_2, Salpeter, KNO_3, Wasser und Luft. Das Schwefeldioxyd wird selten durch Verbrennen von Schwefel, gewöhnlich durch Abrösten von Kiesen, besonders Schwefelkies oder von schwefelhaltiger Gasreinigungsmasse in Röstöfen gewonnen. Das Schwefeldioxyd wird, mit Luft gemischt, in die Bleikammern, die 1000—3000 m^3 fassen, geführt. Gleichzeitig werden aus Salpeter erzeugtes Stickstoffdioxyd und feinster Wasserstaub eingeleitet, wodurch verdünnte Schwefelsäure entsteht. Die erhaltene Kammersäure wird beim Durchfließen des Gloverturmes etwas konzentriert und in Quarzglasgefäßen oder anderen Apparaten nahezu vollständig von Wasser befreit. In neuerer Zeit wurde das alte Kammerverfahren vom Kontaktverfahren überholt. Die aus Kiesen erzeugten, sorgfältig gereinigten Röstgase und Luft, also $SO_2 + O_2$, werden in eigenen Apparaten über Kontaktsubstanzen (Platin oder Vanadiumoxyd auf geeigneten Trägern von großer innerer Oberfläche, z. B. Silikagel) geleitet, wodurch Schwefelsäureanhydrid (Schwefeltrioxyd, SO_3) entsteht.

Schwefeltrioxyd ist eine bis 16° feste, Wasser anziehende Kristallmasse, d = 1,97, die in Glaskölbchen oder in Blechdosen, Eisenbomben oder Eisenfässern in den Handel kommt. Durch Auflösen des Schwefelsäureanhydrides in Wasser entsteht reine Schwefelsäure von beliebiger Stärke.

Rohe Schwefelsäure wird in Kesselwagen versendet. Reine Schwefelsäure füllt man in große Glasballons von 80—100 kg Inhalt, die zur sicheren Beförderung mit Stroh in Körben verpackt sind. Säure von 60° Bé (78%) wird für Ammonsulfat und Titanweiß gebraucht. Säure von 92—93% und 96—98% H_2SO_4 (66° Bé) wird zur Mineralölraffination und in der Farben- und Sprengstoffindustrie verwendet. Zum Aufschluß von Rohphosphat (s. Superphosphat) nimmt man Säure von 54° Bé. Ferner braucht man Schwefelsäure verschiedener Stärke für zahlreiche chemische und metallurgische Zwecke, z. B. auch zum Beizen von Eisen. Schwefelsäure ist ein wichtiges Schlüsselprodukt. Die deutsche Erzeugung betrug 1937 2,05 Mio t, die Welterzeugung wird auf 15 Mio t geschätzt.

Rauchende Schwefelsäure, *Oleum*, eine hellbraune, ölige, an der Luft rauchende Flüssigkeit, ist eine Auflösung von Schwefeltrioxyd in Schwefelsäure. Sie wird hauptsächlich in der Farbstoffindustrie benutzt.

2. **Salzsäure** (*Acidum muriaticum*, Chlorwasserstoff, HCl) ist eine Lösung von Chlorwasserstoffgas in Wasser und wird bei der Gewinnung von Sulfat erhalten oder synthetisch aus Wasserstoff und Chlor dargestellt und in großen Glasballons oder in Steinzeugkrügen versendet. Rohe Salzsäure ist eine gelbe Flüssigkeit der d = 1,16

(20° Bé). Reine Salzsäure ist farblos, riecht stechend und raucht, da sie HCl-Gas ausstößt. d = 1,12—1,19 (16 bis 23° Bé). Salzsäure wird zur Erzeugung von Chlor, in der Leimbereitung, Färberei, zur Holzverzuckerung, zum Beizen von Eisen usw. verwendet.

3. **Salpetersäure** (*Acidum nitricum*, HNO_3) ist rein eine farblose, stechend riechende, an der Luft rauchende Flüssigkeit. Sie wirkt höchst ätzend, färbt Haut, Nägel und Wolle gelb und siedet bei 86°. d = 1,53—1,55 (54° Bé). Sie vermag die meisten Metalle zu Nitraten zu lösen. Salpetersäure wird durch katalytische Oxydation von Ammoniak hergestellt. Gebraucht wird sie für die Herstellung von Sprengstoffen (Nitroglyzerin, Nitrozellulose), Nitrolacken, in der Farbstoffindustrie und für viele andere Zwecke. — Rote, rauchende Salpetersäure, eine sehr ätzende Flüssigkeit, die an der Luft braune Dämpfe ausstößt, ist eine Lösung von Stickoxyden in roher Salpetersäure. d = 1,4—1,5.

B. Alkalien

1. **Soda** (Natriumkarbonat, Na_2CO_3) ist neben der Schwefelsäure eines der wichtigsten Erzeugnisse der chemischen Großindustrie. Sie kommt als kalzinierte und als Kristallsoda in den Handel. Erstere ist ein grobes, weißes Pulver, letztere bildet große, farblose, monokline Kristalle, entspricht der Formel $Na_2CO_3 \cdot 10\, H_2O$, enthält demnach 63% Wasser und verwittert an der Luft.

Die Feinsoda ist wasserhaltige, pulverig-kristallinische Soda. In Wasser ist sie leicht löslich. Sodalösung schmeckt laugenhaft und ist alkalisch. Im deutschen Handel wird der Gehalt der Soda in Graden angegeben, welche die Hundertteile Na_2CO_3 bezeichnen. Natürlich kommt Soda als Trona in Ägypten, Ostafrika und Kalifornien vor.

Bis zum Anfang des 19. Jahrhunderts wurde Soda aus der Asche spanischer Meerespflanzen, Barillasoda, gewonnen. Heute erzeugt man sie im größten Maßstab aus Kochsalz. Das Herstellungsverfahren von Solvay hat das ältere LeBlanc-Verfahren vollständig verdrängt. Es arbeitet wohlfeiler und liefert sofort reine Ware: Konzentrierte Kochsalzlösung (z.B. natürliche Salzsole) wird mit Ammoniakgas, NH_3, gesättigt und in die Lösung wird Kohlendioxyd eingeleitet. Es entstehen Ammonchlorid, NH_4Cl, und Natriumbikarbonat. Dieses, in Wasser ziemlich schwer löslich, scheidet sich als Pulver ab, wird von der Salmiaklauge getrennt und durch Erhitzen in Soda übergeführt. So hergestellte Soda heißt auch „Ammoniaksoda". Auch durch Elektrolyse von Kochsalzlösung und Einleiten von Kohlendioxyd in die entstandene Ätznatronlösung wird Soda gewonnen.

Man versendet die Soda in Fässern oder in Säcken. Die meiste Soda wird in der Glas- und in der Seifenindustrie verbraucht. Weitere große Sodamengen nehmen die Papier- und Textilindustrie, die Wäschereien, zahlreiche technische Verfahren, der Haushalt und die Kesselspeisewasserreinigung in Anspruch.

Die Welterzeugung wird auf 8 Mio t geschätzt. Die BR erzeugte 1954 935 kt,die DDR 372 kt Na_2CO_3.

2. **Natriumbikarbonat** (doppeltkohlensaures Natrium, Natriumhydrogenkarbonat, $NaHCO_3$) ist ein feines, weißes Kristallpulver von schwach laugenhaftem Geschmack, das in kaltem Wasser wenig löslich ist. Es wird durch Reinigung des beim Solvayprozeß anfallenden Bikarbonates gewonnen. Man verwendet es zur Herstellung von Backpulver und Brauselimonaden, als „Speisesoda" und zum Waschen von Wolle und Seide.

3. **Ätznatron** (kaustische Soda, Laugenstein, Natriumhydroxyd, NaOH) Weiße, kristallinische Brocken, die sich unter starker Erwärmung leicht im Wasser lösen. Die ätzende Lösung ist eine starke Base. Ätznatron muß in gut schließenden Gefäßen aufbewahrt werden, weil es aus der Luft begierig Wasser und Kohlendioxyd aufnimmt und sich in Natriumkarbonat verwandelt. Es wird im großen aus Sodalösung gewonnen durch Kochen mit gelöschtem Kalk oder unmittelbar durch Elektrolyse von Kochsalzlösungen. Die technische Ware kommt in Eisentrommeln zum Verkauf. Das Syndikat deutscher Ätz-

natronfabriken liefert 96,6—97%iges NaOH als „Kaustische Soda, eingegossen, grob pulverisiert" und „Schuppensoda". Auch die 45%ige Lösung ist Großhandelsprodukt (Natronlauge, Laugenessenz).

Anwendungen: Seifensiederei, Natronzellstofferzeugung, Viskosekunstseidenindustrie, Merzerisation der Baumwolle, Reinigen von Erdöl. Chemisch reines Ätznatron, *Natrium hydricum depuratum*, wird in dünnen Stangen oder in Plätzchen in Glasgefäßen eingeschlossen an chemische Laboratorien geliefert.

4. **Pottasche** (Kaliumkarbonat, K_2CO_3) ist eine weiße, graue oder rötliche Masse, die an der Luft Wasser anzieht und zerfließt. Sie schmeckt stark laugenhaft. Auch heute wird sie noch hie und da durch Auslaugen von Holzasche erzeugt. Schlempe- oder Melassen-Pottasche mit 80 bis 85% Gehalt gewinnt man aus der Melasse der Rübenzuckerfabriken. Auch aus Wollschweiß wird Pottasche hergestellt. Reine Ware erhält man aus dem Kaliumchlorid der Abraumsalze mit Magnesiumkarbonat oder aus Kaliumsulfat, Kalk und Koks nach dem Formiatverfahren. Gewöhnliche, technische Ware von 96—98% Gehalt kommt in Fässern als Pulver, gereinigte in Körnern (granuliert, hydratisiert) zum Verkauf. Sie wird zur Glas- und Seifenerzeugung sowie in der Textilindustrie gebraucht. Durch Glühen von Weinstein gewonnenes Kaliumkarbonat wird als Sal tartari medizinisch verwendet.

5. **Ätzkali** (Kaliumhydroxyd, Kaliumhydrat, KOH) hat ähnliche Eigenschaften wie Ätznatron. Es wird aus Pottaschelösung durch Behandlung mit Kalkmilch oder durch Elektrolyse von Kaliumchloridlösung bereitet. Die teilweise eingedampfte Lösung von 36—50° Bé (33 bis 50 Teile KOH) heißt Kalilauge und wird in Ballons verkauft. Durch vollständiges Eindampfen und Schmelzen des Rückstandes erhält man das technische Ätzkali mit 80—90% Gehalt, das in Eisentrommeln eingegossen geliefert wird.

Mit Alkohol gereinigtes Kaliumhydroxyd, *Kalium hydricum depuratum*, wird meist in Stengelchen gegossen, die unter dem Namen „*Lapis causticus*" als Ätzmittel in der Medizin dienen. Technisches Ätzkali wird in der Seifensiederei und chemischen Industrie benutzt.

6. **Ammoniak** (Ätzammoniak, Salmiakgeist), eine farblose, durchdringend riechende Flüssigkeit, reizt zu Tränen und ist stark alkalisch. Sie ist eine Auflösung von Ammoniakgas, NH_3, in Wasser (bis zu 30% NH_3-Gehalt). d = 0,96—0,88, je nach der Stärke. Ammoniak wird aus den Gaswässern der Kokereien, hauptsächlich aber synthetisch aus Luftstickstoff und Wasserstoff gewonnen. (Verfahren von Haber-Bosch: die Vereinigung der beiden Gase erfolgt bei einem Drucke von 200 Atmosphären und Anwendung eines Eisenkatalysators bei 600°.) Ammoniak kommt in Glasballons in den Handel, verflüssigtes Ammoniakgas in Stahlflaschen. Man gebraucht es u. a. zum Betrieb von Eismaschinen, in Farbenfabriken und chemischen Laboratorien.

C. Salze und andere Chemikalien

1. **Glaubersalz** (*Natrium sulfuricum*, $Na_2SO_4 \cdot 10\,H_2O$). Farblose, kühlend salzig schmeckende, sehr leicht lösliche Kristalle. Es wird aus den Lösungsrückständen von der Verarbeitung des Carnallits gewonnen (Kaiserroda erzeugte 1940 350 kt), sowie in großen Mengen als Nebenprodukt der chlorierenden Röstung von Kiesabbrand und der Zellwolleerzeugung. Es findet in der Färberei und Farbenindustrie Verwendung. Wasserfreies Natriumsulfat, gewöhnlich einfach Sulfat genannt, entsteht bei der Gewinnung von Salzsäure aus Kochsalz und Schwefelsäure und wird durch Entwässern von Glaubersalz gewonnen. Es dient zur Herstellung von Glas, Wasserglas, Schwefelnatrium, Zellstoff und Ultramarin.

2. **Natriumsulfit** ($Na_2SO_3 \cdot 7\,H_2O$). Farblose Kristalle, die an der Luft verwittern. Darstellung durch Einleiten von Schwefel-

dioxyd in Sodalösung. Es wird u.a. für die Herstellung fotografischer Entwickler verwendet.

3. **Natriumthiosulfat** (Natriumhyposulfit, unterschwefligsaures Natrium, $Na_2S_2O_3 \cdot 5\,H_2O$). Farblose, leichtlösliche Kristalle. Im großen wird es als Abfallprodukt bei der Herstellung der Schwefelfarbstoffe gewonnen. Es wird als Antichlor beim Bleichen von Textilien und Papier benutzt, um das an den Fasern haftende Chlor zu zerstören. Seine Lösung vermag Chlor- und Bromsilber zu lösen und wird daher in der Fotografie unter dem Namen Fixiernatron viel verwendet.

4. **Borax** (*Natrium boracicum*, Natriumtetraborat, $Na_2B_4O_7 \cdot 10\,H_2O$) bildet farblose, säulenförmige Kristalle, „prismatischer Borax", die meist oberflächlich verwittert sind. Der „oktaedrische Borax", Juwelierborax des Handels, enthält nur 5 Mol Kristallwasser und wird in unregelmäßigen Brocken oder in tafelförmigen Stücken verkauft. Borax ist in kaltem Wasser schwer löslich, beim Erhitzen bläht er sich unter Wasserabgabe auf (gebrannter Borax) und schmilzt zu einer glasartigen Masse, die Metalloxyde unter kennzeichnender Färbung auflöst (Boraxglas). Er wird als natürlicher Borax, Tinkal, aus einigen Seen in Indien und Kalifornien gewonnen und durch Umkristallisieren gereinigt. Heute ist die Hauptquelle der Boraxherstellung das Mineral Kernit, $Na_2B_4O_7 \cdot 4\,H_2O$, das in Kalifornien im Tiefbau gewonnen wird. Borax wird beim Löten von Metallen und in der Glasindustrie verwendet. Die Lösung von Natriumperborat ($NaBO_3 \cdot 4\,H_2O$) gibt beim Erhitzen Sauerstoff ab und wirkt dadurch bleichend und schmutzablösend (Waschpulver, Persil). — Borsäure, H_3BO_3, gewinnt man aus den heißen Quellen (Lagonen) und Dämpfen (Soffionen) in Toskana oder aus Borazit in Staßfurt. Sie bildet fettig glänzende Kristallschüppchen, die in kaltem Wasser schwer, in heißem leicht löslich sind. Die Lösung ist ein gutes Desinfektionsmittel und dient auch in der Medizin als Gurgelwasser.

5. **Kaliumchlorat** ($KClO_3$) führt die lateinische Bezeichnung *Kalium chloricum*, während Kaliumchlorid *Kalium chloratum* heißt. Es ist ein weißes Pulver, das beim Erhitzen schmilzt und Sauerstoff abgibt; bei Anwesenheit brennbarer Stoffe erfolgt eine sehr rasche sprengschlagartige Verbrennung. Kaliumchlorat wird durch elektrolytische Oxydation von Kaliumchloridlösung hergestellt. Verwendung zu Zündhölzchen und

Sprengstoffen, in der Feuerwerkerei, mit Aluminiumpulver gemischt als Blitzlichtpulver für fotografische Aufnahmen. — Natriumchlorat dient als Unkrautvertilgungsmittel.

6. **Kalisalpeter** (Salpeter, Kaliumnitrat, KNO_3) bildet lange, rhombische Prismen, „prismatischer Salpeter", und ist in kaltem Wasser schwer, in heißem leicht löslich. Zum Unterschiede von Natronsalpeter zieht er aus der Luft keine Feuchtigkeit an. Wird er durch Umsetzung von Natronsalpeter mit Kaliumchloridlösung gewonnen, so heißt er Konversionssalpeter. Man reinigt ihn durch Umkristallisieren. Kalisalpeter dient zur Erzeugung von Schwarzpulver und von Feuerwerkskörpern sowie zum Einpökeln von Fleisch.

Schwarzpulver, Schieß- und Sprengpulver ist ein Gemenge von gemahlenem Stangenschwefel (9—12%), Kalisalpeter (74—78%) und Holzkohlenpulver (10—16%). Die feingepulverten Bestandteile werden in Ledertrommeln feucht gemischt, der erhaltene Brei wird gepreßt und zu Körnern verarbeitet, die man durch Drehen in Trommeln unter Zusatz von etwas Graphit glänzt. Die Erzeugung und Verwendung von Schwarzpulver ist seit Einführung der „rauchschwachen Pulver" sehr zurückgegangen. Es dient hauptsächlich zu Sprengungen in Steinbrüchen.

7. **Kaliumbichromat** (doppelt- oder rotes chromsaures Kalium, Chromkali, $K_2Cr_2O_7$) stellt krebsrote, prismatische Kristalle dar, die wie alle Chromverbindungen giftig sind.

Darstellung: Erhitzen von Chromeisenstein mit gebranntem Kalk und Soda, Auslaugen der Masse, Zusatz von Schwefelsäure sowie von Kaliumchlorid zur Lauge, Kristallisierenlassen.

Anwendungen: In der Gerberei (Zweibadverfahren der Chromgerberei), für Beizen in der Färberei, zur Darstellung von Farben und Zündmassen, in der Reproduktionstechnik.

Chromsäure, richtiger Chromsäureanhydrid, CrO_3, aus Kaliumbichromat mit Schwefelsäure zu erhalten, dient als Oxydationsmittel und, mit etwa 1% Schwefelsäure, für die galvanische Verchromung.

Die Chromüberzüge sind glänzend und angenehm bläulichweiß. Eisen wird im allgemeinen vor der Verchromung vernickelt. Werkzeuge, Lehren, Walzen u.a.m. werden durch Hartverchromen gehärtet.

8. **Gelbes Blutlaugensalz** (gelbblausaures Kali, Ferrozyankalium, *Kalium borussicum flavum*, $K_4Fe(CN)_6 \cdot 3\,H_2O$) bildet wachsglänzende gelbe Kristalle. Es wird heute vorwiegend aus Gasreinigungsmasse gewonnen und dient zur Herstellung von Berlinerblau, in der Färberei, zum Blaupausen sowie zum Härten von Eisen.

Rotes Blutlaugensalz (*Kalium borussicum rubrum*, Ferrizyankalium, $K_3Fe(CN)_6$). Dunkelrubinrote, giftige Kristalle. Es wird meist durch Elektrolyse einer Lösung von gelbem Blutlaugensalz gewonnen. Verwendung in der Färberei, Farbenindustrie und Fotografie.

9. **Zyankalium** (blausaures Kali, *Kalium cyanatum album*, KCN) kommt als weiße kristallinische Masse in eiförmigen Stücken oder als grießiges Pulver in den Handel, riecht scharf nach bitteren Mandeln und ist höchst giftig. Es zersetzt sich langsam an der Luft und ist leicht in Wasser löslich. Darstellung aus gelbem Blutlaugensalz, auch aus Gasreinigungsmasse, meist aber synthetisch. Die technische Ware ist ein Gemisch von KCN und NaCN. Anwendungen: Zur galvanischen Vergoldung und Versilberung, in der Fotografie und für chemische Zwecke. **Zyannatrium** wird bei der Goldgewinnung gebraucht, sowie zum Ansetzen galvanischer Kupfer-, Zink-, Messing- und Kadmiumbäder.

10. **Salmiak** (Ammoniumchlorid, NH_4Cl) bildet halbkugelige Brote von strahligem Gefüge oder ein weißes Kristallpulver. Es ist geruchlos, in Wasser leicht löslich und wird aus Gaswasser durch Einleiten des daraus entwickelten Ammoniaks in Salzsäure erzeugt und durch Sublimieren oder Umkristallisieren gereinigt. Verwendung: Zum Füllen der Leclanché-Elemente und Trockenbatterien, beim Verzinnen und Verzinken, beim Löten und in der Zeugdruckerei.

11. **Ammonsulfat** (schwefelsaures Ammonium, $(NH_4)_2SO_4$). In Wasser gut lösliche, weiße Kristalle. Man

stellt es aus Gaswasser durch Absättigen mit Schwefelsäure (Rohsalz für Düngezwecke), durch Einleiten von Ammoniakgas in Schwefelsäure oder durch Umsetzung des synthetisch gewonnenen Ammoniaks mit Gips und Kohlendioxyd her. Es ist ein wichtiges Düngemittel. 1954/55 standen die USA mit 1,5 Mio t Reinstickstoff an der Spitze der Erzeugungsländer. (Der Weltverbrauch an Stickstoff, hauptsächlich für Düngezwecke wird auf 5,6 Mio t geschätzt.) Auch **Ammonnitrat,** Ammonsalpeter, NH_4NO_3, dient besonders als Ammonsulfatsalpeter und Kalkammonsalpeter als Düngemittel, außerdem zur Herstellung der sogen. Sicherheitssprengstoffe, Ammonite. **Ammonkarbonat** (Hirschhornsalz) dient als Backpulver.

12. **Chlorkalk,** ein Gemisch von Kalziumhypochlorit und Kalziumchlorid, ist ein durch Wasser schwer benetzbares Pulver von eigentümlichem Geruch, das, um Zersetzung zu vermeiden, vor Licht geschützt und kühl aufbewahrt werden muß. Durch verdünnte Säuren wird aus Chlorkalk Chlor frei gemacht, daher wird er im großen zum Bleichen von Garnen, Geweben, Zellstoff und als Desinfektionsmittel benützt. Man bereitet ihn, indem man Chlor in Kammern aus Holz, Schiefer oder Blei über gelöschten Kalk leitet.

Die Ware wird in Fässern verkauft, ihr Wert in Graden Gay-Lussac ausgedrückt; gewöhnlich besitzt sie 60—110°. Die Grade geben an, wieviel Liter Chlorgas aus 1 kg Chlorkalk durch Säure freigemacht werden, der Wert wird auch in Gewichtshundertteilen Chlor ausgedrückt (70° entsprechen 22,24% Cl, 110° = 35,95% Cl).

Umfangreiche Anwendung als Bleichmittel findet ferner das **Natriumhypochlorit,** das vorwiegend auf elektrolytischem Wege aus Kochsalzlösung als „Bleichlauge" gewonnen wird.

13. **Aluminiumsulfat** (schwefelsaure Tonerde, $Al_2(SO_4)_3 \cdot 18\,H_2O$) bildet farblose, in Wasser leicht lösliche Kristalle und kommt meist in vierseitigen Tafeln oder Brocken in den Handel.

Darstellung: Lösen von Tonerde oder Ton mit Schwefelsäure, Eindampfen der Lösung bis zur Sirupdicke, Eingießen in Tafelformen.

Gute Ware soll möglichst frei von Eisenverbindungen und von Schwefelsäure sein. Das in großen Mengen hergestellte Salz wird als Beize in der Färberei, in der Weißgerberei, zur Erzeugung von Harzleim in der Papierfabrikation und zur Herstellung von Farblacken angewendet.

14. **Alaune** sind Doppelsalze von Natrium-, Kalium- oder Ammoniumsulfat einerseits, mit Aluminium-, Eisen- oder Chromsulfat anderseits, die alle gut in regelmäßigen Oktaedern mit 24 Mol Kristallwasser kristallisieren. Der gewöhnliche oder Kalialaun, $K_2SO_4 \cdot Al_2(SO_4)_3 \cdot 24\,H_2O$, ist weiß und schmeckt süßlich zusammenziehend. 100 T. Wasser lösen bei 10° 9,5 T., bei 100° 133 T. Alaun. Alaun wird in der Medizin, Gerberei und Papiererzeugung benützt, ist aber vielfach durch das wohlfeilere Aluminiumsulfat verdrängt. Chromalaun ist violett gefärbt und wird in der Färberei und Gerberei verwendet.

15. **Kupfervitriol** (Kupfersulfat, $CuSO_4 \cdot 5\,H_2O$) bildet blaue Kristalle und wird durch Auflösen von hohlen Kupfergranalien in Schwefelsäure gewonnen. Er dient zur Erzeugung von Kupferfarben, zum Verkupfern, in der Galvanoplastik (besonders zur Herstellung der Buchdruckgalvanos); unentbehrlich ist er, mit Kalkmilch gemischt, als „Bordelaiser Brühe“ zum Bespritzen der Weinstöcke (Mittel gegen die Peronospora).

16. **Eisenvitriol** (Ferrosulfat, $FeSO_4 \cdot 7\,H_2O$). Hellgrüne, an der Luft braun verwitternde Kristalle. Zu seiner Erzeugung läßt man nassen Eisenkies verwittern und bringt die entstehende Lauge mit Eisenabfällen zusammen. Die Lösung läßt man absitzen und kristallisieren. Anwendungen: In der Färberei, zur Erzeugung von Berlinerblau und von Tinte.

17. **Kalziumkarbid** („Karbid“, CaC_2) wird aus gebranntem Kalk und Koks im elektrischen Ofen erzeugt. Es

kommt in Form harter schwarzer Brocken in luftdicht verlöteten Eisentrommeln zum Verkauf. Mit Wasser gibt es **Azetylen,** ein Gas, das zur Beleuchtung und, im Azetylen-Sauerstoffgebläse, zum autogenen Schweißen und Schneiden von Eisen dient. Dissousgas ist eine Lösung von Azetylen in Azeton und kommt in Stahlflaschen in den Handel. Durch Aufnahme von Stickstoff entsteht aus Kalziumkarbid bei hoher Temperatur der **Kalkstickstoff,** eine durch beigemengte Kohle schwarz gefärbte Masse mit 20—23% Stickstoff, die als Düngemittel dient. Azetylen ist der Ausgangsstoff für die Herstellung einer großen Anzahl organischer Waren (Kautschuk, Kunststoffe, z. B. Vinidur, Lösungsmittel, z. B. Trichloräthylen). Die Karbiderzeugung ist daher ein sehr wichtiger Zweig der elektrochemischen Industrie. Die Welterzeugung ist etwa 3 Mio t, die Erzeugung der BR 800 kt.

18. **Phosphor** (P) gewinnt man durch Glühen von Phosphoriten mit Koks und Quarz, vorwiegend im elektrischen Ofen. Der weiße Phosphor bildet farblose bis gelblichweiße, durchscheinende Stangen oder Keile, die wegen der leichten Entzündbarkeit (70°) stets unter Wasser aufbewahrt werden müssen. $d = 1{,}84$. Bei gewöhnlicher Temperatur läßt er sich unter Wasser wie Wachs schneiden. Er schmilzt bei 45°. Phosphor ist in Wasser unlöslich, leicht löslich in Schwefelkohlenstoff, Chloroform oder Benzol und sehr giftig. Er wird in verlöteten Blechtrommeln, unter Wasser liegend, versendet. Durch Erhitzen unter Luftabschluß auf etwa 280° geht er in roten Phosphor über, ein braunrotes, nicht giftiges Pulver, das in Schwefelkohlenstoff unlöslich ist und sich erst bei 260° entzündet.

Phosphorsäuredünger. Diammonphosphat, mit Ammonnitrat und Kaliumchlorid gemischt, ist ein als Nitrophoska bezeichneter Misch- oder Volldünger. Knochenmehl aus gemahlenen Schlachttierknochen enthält etwa 22% Phosphorsäure. Fleischmehl wird aus Tierkadavern und den Abfällen der Fleischextrakterzeugung, Fischguano aus den Abfällen der Zurichtung der Heringe und anderer Fische hergestellt (etwa 13% P und 8% N). — Guano, entstanden aus dem in großen Mengen abgelagerten Seevögelkot, ist eine pulverige, braune, nach Ammoniak riechende Masse, von der sich große Läger auf den Chinchainseln bei Peru, sowie auf einigen afrikanischen und Südseeinseln befinden; er enthält 15—30% Phosphorsäure. Im Jahre 1933 gewann Peru 162 kt Guano. In österreichischen Alpenhöhlen hat man Lager von Fledermausguano gefunden.

Phosphorit und Apatit sind graubraune Minerale (fluorhaltiges Kalziumphosphat), die in großen Mengen aus Florida, Marokko und Algier kommen. Aus Guano und Knochenanhäufungen entstanden die Phosphatlager in Westindien und auf mehreren Südseeinseln (besonders Nauru). – Superphosphat besteht aus saurem Kalziumphosphat neben viel Gips und wird aus Phosphoriten durch Aufschließen mit Schwefelsäure im großen hergestellt. Es enthält durchschnittlich 20% Phosphorsäure. Im Handel wird der Gehalt an wasserlöslicher Phosphorsäure angegeben, besondere Marken bezeichnen die Art des verwendeten Rohstoffes. Doppelsuperphosphat wird erzeugt, indem man den bei der Bereitung entstehenden Gips zum großen Teil entfernt; es enthält 45% wasserlösliche Phosphorsäure. Auch durch Glühen mit Alkali wird das Rohphosphat aufgeschlossen (Glühphosphat, Rhenaniaphosphat). — Thomasmehl mahlt man aus verwitterter Thomasschlacke. Es wird infolge seines niedrigen Preises (DM 4,45 je 100 kg) und seiner guten Düngewirkung viel verwendet. An Superphosphat wurden in der BR 1954 528 kt, in den USA 10,9 Mio t erzeugt.

Zündhölzchen sind Holzstäbchen, die an einem Ende mit einer Zündmasse versehen sind. Die Phosphorzündhölzchen entzünden sich beim Anstreichen an jeder rauhen Fläche, die Sicherheitszündhölzer nur an besonders zugerichteten Flächen. Die Hölzchen werden aus

Fichten-, Tannen- oder Kiefernholz gehobelt (Holzdraht) und sind rund oder gerippt, bessere werden aus Espenholz mit Maschinen als quadratische Stäbchen gespalten, mitunter mit Ammonphosphat getränkt (um das Nachglimmen zu verhindern) und oft gefärbt. Die zugeschnittenen Hölzchen werden in Tunkrahmen gespannt und in die Tunk-(Kopf-)massen getaucht, deren wesentlicher Bestandteil der weiße Phosphor war. Da er feuergefährlich und sehr giftig ist und die Arbeiter schwer gefährdet, dürfen solche Phosphorhölzchen in Deutschland seit 1908 weder erzeugt noch verkauft werden. — Die „schwedischen" Sicherheitszündhölzer tragen eine ungiftige Kopfmasse aus Kaliumchlorat, Braunstein, Schwefelantimon, etwas Schwefel, Farbe und Leim. Die Reibfläche, an der sie sich entzünden, ist mit einem Gemenge von rotem Phosphor (50%), Schwefelantimon, schwarzer oder brauner Farbe und Gummi oder Leim bestrichen.

Die Zündhölzchen werden in Holzschachteln gelegt, die man zu je 10 Stück in Papier verpackt. Ihre Erzeugung ist vollständig mechanisiert. In der BR besteht ein Zündwarenmonopol. Die BR stellte 1955 116030 Normalkisten zu 10000 Schachteln her (58 Mia Stück). Die Produktion Schwedens betrug 5 Mia Schachteln, die Sicherheitshölzchen heißen auch „Schweden".

19. **Radium** ist wohl die kostbarste aller Waren, da 1 g mit 62000 DM bezahlt wird. Die Welterzeugung betrug bis einschließlich 1934 760 g, die Erzeugung Kanadas 1937 60 g. Radium ist ein Element, das unter Aussendung einer sehr aktiven Strahlung (α,β,γ-Strahlen) freiwillig zerfällt. Die Hauptanwendung findet es zu Heilzwecken (Krebsbekämpfung) und in der Forschung. Man gewinnt das Radium in umständlicher Weise aus Uranerzen (Joachimstal in Böhmen, seit 1923 besonders in Belgisch-Kongo, neuerdings auch in Kanada). Radiumpräparate müssen wegen ihrer durchdringenden Strahlung in Tresors mit 7 cm dicken Bleiwänden aufbewahrt werden.

Neuerdings ist es gelungen, radioaktive Elemente (Transurane) künstlich herzustellen, bei deren Zerfall enorme Energien frei werden. Sie sind von nicht abzusehender Bedeutung für die künftige Energieversorgung (Atommeiler oder Reaktoren).

Als Erreger der „selbstleuchtenden" Zinksulfidleuchtfarben der Leuchtzifferblätter verwendet man nicht Radium, sondern das wohlfeilere Mesothorium.

XI. Kohlen

Die Kohle ist derzeit noch immer die wichtigste Energiequelle der Menschheit, zugleich aber auch ein Rohstoff von großer Bedeutung und der Ausgangsstoff für die Gewinnung zahlreicher Waren. Sie wird in Mengen von einigen Mio t täglich gefördert und bildet eine der wichtigsten Waren des Weltmarktes. Die Kohle gibt uns Licht und Wärme und betreibt unsere Maschinen, Bahnen und Schiffe. Zur Erzeugung des Eisens, der meisten Metalle, ja der meisten Waren überhaupt, ist sie unentbehrlich. 100 kg Mehl erfordern 12 kg Kohle, 100 kg Zucker 80 kg, 100 kg Zeitungspapier 70 kg, 1000 Ziegelsteine 300 kg, 1 Liter Benzin 5,5 kg, 1 kWh bis zu 1 kg, 1 m^3 Stadtgas 2 kg Kohle. Kohle ist der Rohstoff für Farben, Duftstoffe, Arzneimittel, Treibstoffe, Schmiermittel, Kautschuk, Ammoniak, Fettsäuren und Präparate aller Art.

Man unterscheidet die geologisch ältere Steinkohle von der in der Regel jüngeren Braunkohle. Torf ist die genetische Vorstufe der Kohle. Die Pflanzen bilden aus dem Kohlendioxyd und dem Wasserdampf der Luft den Zellstoff des Holzes nach der Summengleichung: $m\,CO_2 + n\,H_2O + \text{Sonnenenergie} \rightleftarrows C_m(H_2O)_n + m\,O_2$. Die Pflanzenreste erfuhren eine langsame Zersetzung unter Luftabschluß (Inkohlung, Karbonisierung), wobei das n der Formel $C_m(H_2O)_n$ immer kleiner wird. Je älter eine Kohle ist, desto fortgeschrittener ist im allgemeinen die Karbonisierung und desto höher ihr Gehalt an Kohlenstoff.

Ein Rest von Wasserstoff und Sauerstoff ist in der Kohlensubstanz stets vorhanden, ferner ist sie von mineralischen Bestandteilen (Asche) begleitet. Die Asche entstammt teils der Pflanzensubstanz, teils ist sie in die Kohlenlagerstätte nachträglich eingeschwemmt. Ihre Hauptbestandteile sind: Kalk, Ton, Sand sowie Eisenoxyd, welches den Schmelzpunkt der Asche herabdrückt und zu leichtem Verschlacken führt.

Die Kohlen bilden mehr oder weniger mächtige Schichten, „Flöze" oder „Lager", die zwischen Tonschiefer, Sandstein usw. eingebettet sind und an manchen Stellen der Erde, den Kohlenbecken, in großer Zahl übereinanderliegen. Der Wert einer Kohle als Brennstoff hängt von der Wärmemenge ab, die entsteht, wenn man sie verbrennt. Diese Wärmemenge drückt man in Kalorien oder Wärmeeinheiten aus und versteht unter einer Kalorie (kcal) jene Wärmemenge, die einen Liter Wasser um einen Grad erwärmt. Die gesamte Wärmemenge, welche ein kg eines Brennstoffes zu entwickeln vermag, heißt Heizwert.

Ermittelt man durch die Elementaranalyse den Gehalt einer Kohle an C, H und O, so kann man ihren Heizwert nach der „Verbandsformel" berechnen:

$$\text{Heizwert} = 8100\,\text{C} + 29000\,(\text{H} - {}^{1}/_{8}\text{O}) + 2500\,\text{S} - 600\,\text{W}$$

(S = Schwefel, W = hygroskopisches Wasser in %).

Zur Bestimmung des Heizwertes dienen auch besondere „Kalorimeter". Der Heizwert der verschiedenen Kohlen liegt zwischen 1900 (grubenfeuchte Braunkohle) und 8000 kcal/kg (Anthrazit).

Die Kohlen zersetzen sich beim Erhitzen unter Luftabschluß, der „trockenen Destillation". Hierbei entstehen Gas (Stadtgas, Leuchtgas) und Teerdämpfe; diese werden kondensiert. Dem Gas werden durch Waschen mit Wasser Ammoniak und durch Waschen mit Öl Benzol entzogen. Außerdem gewinnt man den im Gas enthaltenen Schwefel.

Der mengenmäßig den Hauptanteil ausmachende Rückstand, Koks genannt, enthält neben Kohlenstoff nur die Aschenbestandteile der Kohle, aus der er gewonnen wurde.

1. **Steinkohle** stammt aus der Karbonzeit der Erde, unterscheidet sich wesentlich von der bedeutend jüngeren Braunkohle und gibt im Gegensatz zu dieser stets einen schwarzen Strich. Sie ist dicht und samt- bis pechschwarz. Der Bergmann unterscheidet nach dem Aussehen Glanzkohle, Mattkohle und Faser- oder Rußkohle. H = ca. 2, d = 1,2—1,7. Steinkohle enthält oft Schwefelkies, der an Bruchflächen in kleinen goldgelben Kristallen oder metallisch schillernden Überzügen sichtbar ist.

Der rhein.-westf. Steinkohlenbergbau unterscheidet folgende Sorten:

Benennung	flüchtige Bestandteile *)	Flamme	Koks
Anthrazit	4—8 %	keine	sandig
Magerkohle	8—15%	sehr kurz	sinternd bis sandig
Eßkohle	15—20%	kurz	backend bis sinternd
Fettkohle (Kokskohle	20—26%	kurz	backend
Gaskohle	26—32%	mittel	backend
Gasflammkohle	32—40%	lang	schwach backend bis sandig

* bezogen auf wasser- und aschefreie Substanz.

Der Stückgröße nach unterscheidet man „Stücke“, Nuß I—V, Feinkohle, Staub- und Förderkohle. Ferner gibt es „bestmelierte“ Fett-, Gas- und Eßkohle. Die

Korngröße der Stückkohle ist nach unten mit 80 mm begrenzt, die der Feinkohle nach oben mit 10 mm. Die Körnung der Nußkohlen ist nach oben und unten begrenzt:

Nuß	I	II	III	IV	V
	50—80	30—50	18—30	10—18	7—10

Bei Eß- und Anthrazitkohlen sind davon etwas abweichende Grenzen festgesetzt. Stück-, Nuß- und Feinkohle wird aus der Förderkohle durch Sieben erhalten.

Steinkohle wird gewöhnlich „gewaschen". In einem Wasserstrom wird die leichtere, aschearme Kohle von dem „Mittelgut" und den „Bergen" getrennt.

Briketts werden aus Eßkohlen- oder Anthrazitkohlenklein gepreßt, wobei Steinkohlenteerpech als Bindemittel dient.

Der europäische Steinkohlengürtel erstreckt sich von England aus (Durham, Yorkshire, Lancashire, Northumberland, Derbyshire, Staffordshire, Südwales, Ost-Kent) über Nordfrankreich, Belgien, das Aachener Bekken und Saarland, den Niederrhein und Westfalen, das böhmische Becken (Kladno, Schatzlar), das mährisch-schlesische Becken (Ostrau, Karwin) nach Oberschlesien und setzt sich im Donbecken fort.

Steinkohlenförderung 1955 in Mio t:

Welt	1604
USA	444
UdSSR	306
Großbritannien	225
BR	133
Polen	94
Frankreich	55
Japan	42

Die bedeutendsten Flöze der USA liegen im Appalachischen-, Illinois-, Kansas- und Michiganbecken.

Koks. In den Kokereien wird aus backender Fettkohle der großstückige harte, hellgraue Hüttenkoks gewonnen. 1 t Kohle gibt etwa 750 kg Koks. Er enthält etwa 78% C und 10% Asche und dient im Hochofen als Reduktionsmittel. Für eine Tonne Roheisen werden über zwei Tonnen Koks gebraucht. (Steinkohle ist für den Hüttenbetrieb ungeeignet, da sie zerbröckelt.) Auch in Gießereien wird Hüttenkoks gebraucht. Ferner dient er vielfach zur Erzeugung von Generatorgas oder Wassergas für Industriefeuerungen. Sein Heizwert ist 6500—7000 kcal/kg. In der BR wurden 1954 35 Mio t Hüttenkoks erzeugt. — Der Gaskoks der Gasanstalten aus Gas- oder Gasflammkohlen ist weniger fest und aschereicher. Er dient in der Hauptsache zum Betrieb der Zentralheizungen. (Erzeugung in der BR 1954 4,3 Mio t.) Etwa 37% der deutschen Kohlenförderung werden verkokt.

Steinkohlenteer ist der wichtigste Ausgangsstoff für zahlreiche Erzeugnisse der organisch-chemischen Industrie. 1 t Kohle liefert etwa 30 kg Teer, dessen Aufarbeitung durch fraktionierte Destillation 1 kg Leichtöl (Siedebereich 80—100°), 3 kg Mittelöl (170—240°), 8,5 kg Schweröl (240—270°) und Anthrazenöl (280 bis 400°) und 15 kg Pech ergibt. — Aus dem Leichtöl gewinnt man Benzol (Treibstoff, Lösungsmittel, Ausgangsstoff für zahlreiche andere Verbindungen), das Homologenraffinat (Lösungsmittel), Toluol (Sprengstoffe, Riechstoffe, Farbstoffe), Xylol und Solventnaphta (Lösungsmittel). Das Mittelöl liefert Pyridin, Phenol (Carbolsäure) und Kresol, die beiden letzten wichtig als Desinfektionsmittel und als Rohstoff der Bakelit-Kunstharze, und Naphthalin, von dem sich zahlreiche Farbstoffe ableiten und dessen Hydrierung die Lösungsmittel Tetralin und Dekalin liefert. Aus dem Schweröl und Anthrazenöl erhält man das Anthrazen, aus dem unter anderem Alizarin gewonnen wird, und Carbolineum, das als Holzschutz dient. Der durch Abdestillieren des Wassers und des Leichtöls erhaltene „präparierte Teer" wird für Dachpappe und Rostschutzanstriche gebraucht, roher Teer mitunter im

Straßenbau; meist werden auch dafür nur bestimmte Fraktionen verwendet.

Von den aufgeführten ersten Zerlegungsprodukten des Teers gelangt man oft erst über zahlreiche Zwischenstufen, die z.B. durch die Operation der Nitrierung, Sulfurierung, Chlorierung oder Kalischmelze erhalten werden, zu den Farbstoffen, Heilmitteln und anderen Fertigwaren. Diese „Vor-" oder „Zwischenprodukte", zu welchen z.B. Nitronaphthalin, Anilin, Naphthol und die Naphthalinsulfosäuren gehören, haben nur zum Teil Handelsbedeutung, da sie meist im gleichen Betriebe erzeugt und weiterverarbeitet werden.

2. **Braunkohle** ist eine Ware von stets zunehmender Bedeutung. Nach der Beschaffenheit unterscheidet man: 1. die dunkelbraune bis schwarze Glanzbraunkohle, deren beste Art die spröde Pechkohle ist. Sie bricht in großen Stücken flachmuschelig (Bayern, Südsteiermark); 2. die Mattbraunkohle, die würfelig oder schieferig bricht (Sudetenland). 3. die Weichbraunkohle (Mitteldeutschland, Kölner Vorgebirge, Köflach), 4. den zähen, noch deutliches Holzgefüge zeigenden Lignit (fossiles Holz). Eine Besonderheit bildet die an öligen, bituminösen Stoffen reiche, gelblich erdige Schwelkohle aus der Gegend von Halle, die auf Paraffin verarbeitet wird, der sogenannte Pyropissit. Alle Braunkohlen geben einen braunen Strich und mit Natronlauge braune Lösungen. Sie enthalten im grubenfeuchten Zustande bis 50%, lufttrocken 10 bis 20% Wasser und 4—20% Asche. C-Gehalt 45 bis 75%, Heizwert 3000—6400 kcal kg bezogen auf Reinkohle.

Ausgedehnte Lager finden sich in der Tschechoslowakei bei Dux, Brüx und Teplitz. Österreich hat Lager in Steiermark bei Köflach, Voitsberg, Leoben, Fohnsdorf, Mitteldeutschland bei Weißenfels, Bitterfeld und in der Lausitz (Senftenberg), Westdeutschland bei Braunschweig und Köln.

Braunkohlenförderung 1955 in Mio t

Welt	505
DDR	201
BR	90
UdSSR	85
Tschechoslowakei	41

Deutschland ist demnach der weitaus größte Braunkohlenproduzent. Umfangreiche Anwendung finden die Braunkohlenbriketts. Ihre Erzeugung betrug in der BR 1562 kt, in der DDR 47 Mio t.

Große Bedeutung hat die Braunkohlenschwelerei. Sie unterwirft die Braunkohle der trockenen Destillation. Der erhaltene Braunkohlenteer dient zur Gewinnung von Paraffin und Benzin, der zurückbleibende körnige bis pulvrige Grudekoks ist ein guter billiger Brennstoff.

Braunkohlenbriketts, seltener Rohbraunkohle, werden ähnlich wie Koks in ausgedehntem Maße zur Erzeugung von Heizgas für verschiedene Industriezweige verwendet (Glas, Keramik).

Aus der mitteldeutschen Braunkohle wird durch Benzol das Montanwachs extrahiert, das für Bohnermassen und Schuhwichse verwendet wird.

3. **Treibstoffe aus Kohle** werden entweder nach dem Hochdruckverfahren („Kohlenverflüssigung", Bergius-Pier-Verfahren) durch katalytische Anlagerung von Wasserstoff (Hydrierung) an die mit hochsiedendem Öl angeriebene Kohle erhalten; dabei entstehen zunächst niedrig siedende Öle, die in einer zweiten Stufe des Prozesses in Benzin und höher siedende Dieselöle übergeführt werden. Eine andere Möglichkeit bietet das Verfahren von Fischer und Tropsch, das bei gewöhnlichem oder leicht erhöhtem Druck arbeitet. Das aus Kohlenmonoxyd und Wasserstoff bestehende „Synthesegas" wird an einem Kobaltkontakt in Kohlenwasserstoffe übergeführt. Nach dem Fischer-Tropsch-Verfahren werden auch Paraffine und aus diesen durch Oxydation synthetische Fettsäuren gewonnen.

4. **Torf** bildet sich in den Torfmooren aus Moosen, Riedgräsern und Heidekraut. In den oberen Schichten liegt hellbrauner, aus verfilzten Pflanzenfasern bestehender Fasertorf oder Weißtorf, in tieferen Schichten der schwarzbraune Pechtorf oder Schwarztorf. Er wird entweder gestochen, Stechtorf, oder mit Schöpfmaschinen und Dampfpflügen gewonnen. Zu Ziegeln gepreßter Torf heißt Preßtorf. Frischer Torf enthält 80—90% Wasser, lufttrockener etwa 25%. Sein C-Gehalt beträgt durchschnittlich 55%, sein Heizwert 3500—4000 kcal. Torfkoks, der dem Steinkohlenkoks gegenüber den Vorteil hat, schwefelfrei zu sein, gibt 7000—7500 kcal. — Große Torflager befinden sich im nordwestlichen Deutschland, in Holland, Irland und Rußland, sowie in den Alpen (Salzburg, Admont, Laibach). Die jährliche Torfförderung des DR beträgt etwa 565 kt lufttrockenen Schwarztorf und 7,9 Mio Ballen Weißtorf (zu je 75 kg). Da die Verfrachtung des Torfes auf weite Strecken nicht in Betracht kommt, werden elektrische Zentralen am Moor selbst errichtet; so kann man die Energie des Torfes bequem weiterleiten. — Aus Weißtorf werden Isolierplatten für das Baugewerbe hergestellt, auch Fasern, die an Stelle von Jute, Filz und Kokosfasern treten, hauptsächlich dient er aber als gut saugfähige Streu für Stallungen und als Mull zur Bodenverbesserung im Gartenbau. Für den letztgenannten Zweck wird auch halbtrockener, gemahlener Schwarztorf, Humintorf, herangezogen.

XII. Erdöl

Erdöl ist ein Gemisch verschiedener Kohlenwasserstoffe, das nach der heute geltenden Anschauung der Geologen aus dem Plankton der Meere entstanden ist. Durch Dehydrierung, Polymerisierung und Verharzung hat sich aus ihm Erdwachs und Asphalt gebildet.

Die Kohlenwasserstoffe des Rohöles sind paraffinbasisch ($C_n H_{2n} + {}_2$) oder naphtenbasisch (C_nH_{2n}); manche Sorten enthalten auch aromatische Kohlenwasserstoffe und harzartige Anteile. Die pennsylvanischen Öle sind paraffinisch, die Baku-Öle naphthenisch.

Das Rohöl (Crude Oil, Naphta) erbohrt man durch Abteufen von Bohrlöchern. Die als Gestänge für den Bohrmeißel dienenden Rohre verbleiben nach Erreichen eines ölführenden Horizontes als Auskleidung. Das Öl quillt durch den im Ölfeld herrschenden Druck von selbst empor oder es wird heraufgepumpt. Die entweichenden „Erdgase“ werden aufgefangen und verwertet, das Öl wird in großen Behältern gesammelt, in denen sich die Verunreinigungen absetzen. Besonders ergiebige Erdgasquellen besitzt u.a. Siebenbürgen (geschätzter Vorrat: 600 Mia m^3) und Hessen.

Rohöl ist ein gelbes bis schwarzbraunes, dünnes oder teerartig dickes, mitunter grün fluoreszierendes und widerlich riechendes Öl; d = 0,7—1,0. Die ergiebigsten Erdölfelder liegen in den USA: die pennsylvanischen Felder (1858 entdeckt), die Felder des Midcontinents und der Golfküste (Südstaaten), die sich nach Mexiko fortsetzen, und die kalifornischen Felder.

Die Erdöl-Welterzeugung betrug 1937 280, 1955 690 Mio t, davon entfielen auf:

USA	334
Venezuela	115
UdSSR	70
Kuwait	55
Saudi-Arabien	47
Irak	33

Die BR förderte 1955 3147 kt, Österreich 3670 kt.

Die bedeutendsten Erdölgesellschaften sind die Standard Oil Co, die etwa 75% des Erdölgeschäftes bestreitet, die Royal Dutch Shell Co und der sowjetische Staatstrust.

Für Erdöle und Erdölprodukte gibt es keine Börsen und besonderen Märkte, doch kann Hamburg als der Mittelpunkt der deutschen Mineralölindustrie bezeichnet werden. Die amerikanische Ware kommt heute nur mehr wenig auf den Weltmarkt, der hauptsächlich von Venezuela, Mexiko, Indonesien, Iran und Irak beliefert wird.

Das Rohöl wird entweder an der Quelle raffiniert oder mit Tankwagen versendet. Oft wird es durch

Rohrleitungen, Pipelines, über sehr weite Strecken zu Häfen geleitet, wo es in Raffinerien oder in große Tankschiffe gelangt, die es nach dem Importlande bringen.

In den Raffinerien wird das Erdöl zunächst durch fraktionierte Destillation in Anteile verschiedenen Siedebereiches zerlegt. Dies geschah früher ausschließlich in absatzweise arbeitenden Anlagen; heute erhitzt man das Rohöl in stetig arbeitenden Röhrenöfen (Pipe still) und zerlegt es in Glockenbodenkolonnen in die gewünschten Fraktionen. Diese werden einzeln weiterverarbeitet. Schädliche oder unerwünschte Stoffe werden durch Waschen mit Schwefelsäure oder Natronlauge entfernt; auch können sie mit selektiven Lösungsmitteln (flüssiges Schwefeldioxyd, Propan, Chlorex) extrahiert werden.

Die wichtigsten Erdölprodukte sind: 1. Benzine, 2. Petroleum und Gasöl, 3. Petroleumrückstände, 4. Schmieröle, 5. Paraffin und Vaselin, 6. Erdwachs und Zeresin, 7. Asphalt.

1. **Benzine.** Die leichteste Benzinfraktion des Handels ist a) das Wund- oder Lötbenzin, auch Petroläther genannt. Sp. 40°, d = 0,65. Es dient als Lösungsmittel für Harze, in der Kautschukindustrie, für pharmazeutische Zwecke, zum Betriebe der Lötlampen u. dgl. m.

Die häufig ohne jede Einheitlichkeit benützten Ausdrücke, wie Ligroin, Gasolin usw. wären besser durch die allgemeine Bezeichnung Benzin unter Angabe der Dichte und der Siedegrenzen zu ersetzen. Noch kürzer wird ein Benzin durch die Beifügung der „Kennziffer", d. i. des mittleren Siedepunktes der Fraktion unterschieden.

b) Leichtbenzin, Sp. 40—50°, d = 0,68—0,72, wird als Extraktionsbenzin, als Lösungsmittel für Fette und Harze, als Waschbenzin in den Putzereien usw. verwendet. Zwischen d = 0,65 und 0,72 gibt es verschiedene Fraktionen, die als Spezialbenzine bezeichnet werden, deren Verbrauchsmenge jedoch ziemlich gering ist.

c) Die größte Verwendung findet das Mittelbenzin als begehrtester Motortreibstoff (1954 wurden über 10 Mio Kraftwagen hergestellt). In Betracht kommen hauptsächlich Benzine mit einer Dichte von 0,74—0,76, einem Siedebeginn von 50—80° und einem Siedeende von 180—190°. Von der gesamten Erdölerzeugung entfallen auf das Motorenbenzin rund 45%. Etwa die Hälfte wird durch Fraktionierung gewonnen und als Straight-Run-Benzin bezeichnet, während der Rest durch den Krackprozeß (to crack = spalten) erzeugt wird. Kracken ist ein Vorgang, bei dem höhersiedende Kohlenwasserstoffe unter Druck und Wärme ohne oder mit Hilfe von Katalysatoren zu niedrig siedenden Benzinen gespalten werden.

Die aus Kohle gewonnenen synthetischen Treibstoffe sind auf S. 107 behandelt.

Straight-Run-Benzin neigt zum „Klopfen", d.h. vorzeitigen Zünden bei der Kompression. In Mischung mit Alkohol oder Benzol ist es klopffest, ebenso nach Zusatz von Bleitetraäthyl, in welchem Falle das Benzin angefärbt werden muß, um seine Giftigkeit zu kennzeichnen. Zur Angabe der Klopffestigkeit dient die Oktanzahl. Die OZ 74, für Autobenzin ausreichend, besitzt ein Benzin, wenn es ebenso klopffest ist wie eine Mischung von 74 Volumprozent Iso-Oktan und 26% Normal-Heptan. Dem i-Oktan (2, 3, 4-Trimethylpentan), das als Standard der Klopffestigkeit dient, mißt man die OZ 100 bei, dem sehr klopffreudigen n-Heptan die OZ 0. Besondere Klopffestigkeit verlangt man vom Fliegerbenzin (OZ 80, 89, 95).

Im Handel befinden sich u.a. folgende Treibstoffsorten: BV-Aral (Benzolverband), Leunabenzin (Leunawerk), Dapolin (Deutsch-amerikanische Petroleum Ges.), BP-Strux, BP-Olexin (Deutsche Benzin und Petroleumges. Olex), Shell-Benzin (Deutsche Shell), Rheinpreußen-Treibstoff (Rheinpreußen G.m.b.H.).

d) Schwerbenzin mit einer Dichte von über 0,76 hat nur geringe Bedeutung und wird z.B. als Quellungsmittel für Kautschuk verwendet (Testbenzin, Sangajol), sowie als Lösungsmittel.

2. **Petroleum.** Als Übergang von Benzin zu Petroleum ist a) das Lackbenzin, White Spirit, zu erwähnen. Sp. 140—150°, d = 0,78—0,795. Es wird als wohlfeiler

Ersatz für Terpentinöl in der Lack- und Farbenindustrie vielfach angewendet.

b) Petroleum (Leuchtöl, Kerosin), Siedebeginn 150—160°, d = 0,81—0,83, war früher das wichtigste Erdölprodukt. Heute beträgt seine Erzeugung nur mehr 5% aller Erdölprodukte, da es fast nur mehr auf dem Lande und in kleinen Orten zu Leuchtzwecken dient. In den Städten wird es neuerdings als wohlfeiles Heizmittel viel verwendet. Gutes Petroleum soll einen Flammpunkt von wenigstens 21° nach Abel-Pensky besitzen, wasserhell und geruchlos sein. Das Siedeende soll bei 300° liegen.

c) Gasöl wird für Heizzwecke, zumeist aber als Treibstoff für Dieselmotoren verwendet. d = 0,88, Siedegrenzen 210—360°. Der Anteil der Gasölerzeugung an der Gesamterdölproduktion beträgt rund 35%.

Es diente ursprünglich zur Herstellung des Ölgases, welches heute keine größere Bedeutung mehr besitzt.

Die Versendung kleinerer Mengen von Erdölwaren erfolgt in innen und außen verzinkten Eisenblechfässern, die mit Rollreifen bewehrt sind. Diese „Barrels" haben einen Fassungsraum von rund 150 kg netto und ein Eigengewicht von rund 50 kg. Große Mengen werden in Kesselwagen und Tankschiffen verfrachtet.

3. **Petroleumrückstände,** Dunkelöle, in Rußland Masut, in Rumänien Pacura genannt, dienen zum Heizen von Dampfkesseln, Lokomotiven („Heizöl") und als Schiffsbodenöle, sofern sich die Verarbeitung auf Schmieröle nicht lohnt.

4. **Die Schmieröle** gehören zu den wertvollsten Mineralölwaren. Durch ihre vorzüglichen Eigenschaften haben sie die pflanzlichen und tierischen Gleitmittel fast vollständig verdrängt. Die Mineralschmieröle unterscheiden sich voneinander durch Dichte, Flammpunkt, Stockpunkt und Zähflüssigkeit (Viskosität). Diese wird in Englergraden, Sayboltsekunden oder in Centipoise angegeben.

Autoöle haben einen höheren Flammpunkt als gewöhnliche Maschinenöle. Zylinderöle und besonders

Heißdampfzylinderöle dürfen bis 360° nicht verdampfen oder entflammen. Eismaschinenöle sollen einen besonders tiefen Stockpunkt haben, Transformatoren- und Schalteröle müssen völlig wasserfrei sein.

Die Dichte der Schmieröle liegt zwischen 0,935 und 0,87. Sie müssen säure- und aschefrei sein, über die sich reibenden Flächen einen gleichmäßigen Film bilden, bei höheren Temperaturen nicht zu dünnflüssig werden und sich auch nicht zersetzen. Der Versand erfolgt meist in Blechtrommeln, deren Ränder gefalzt sind.

5. **Paraffin** (Paraffinum solidum) ist ein weißer, wachsähnlicher, gegen Säuren und Laugen indifferenter Stoff. d = etwa 0,9. Es wird durch Tiefkühlen und anschließendes Filtern aus den Schmierölen abgetrennt. Die Hartparaffine schmelzen zwischen 50 und 56°, die Weichparaffine zwischen 30 und 50°. Paraffin kommt in Blöcken oder Tafeln in den Handel und dient als wohlfeiler Ersatz für Wachs, zur Kerzenerzeugung, zum Tränken von Zündhölzchen, zur Herstellung von Wachspapier und in der Textilindustrie, besonders aber als Rohstoff für die Herstellung von Fettsäuren für Fette und Seifen. Für diesen Zweck wird es im großen synthetisch hergestellt (s. S. 107).

Vaselin (*Adeps mineralis*), eine gelbliche Salbe, dient als Schmiermittel, zum Einfetten von Eisenwaren und als Hautsalbe. Weißes Vaselin wird aus Zeresin oder Weichparaffin mit Paraffinöl (Paraffinum liquidum) hergestellt.

Paraffin- und Vaselinöl sind helle Mineralöle, die als Schmiermittel für feine Maschinen sowie in der Kosmetik und Pharmazie verwendet werden.

6. **Erdwachs** und 7. **Asphalt** sind natürlich vorkommende Kohlenwasserstoffe der Erdölgruppe, die nicht mehr flüssig, sondern zähe und fest sind. Sie haben keinen scharfen Schmelzpunkt, sondern werden durch den Erweichungspunkt nach Kraemer-Sarnow und den Tropfpunkt nach Ubbelohde gekennzeichnet. Erdwachs

(Ozokerit) ist eine braune, wachsähnliche, in der Wärme knetbare Masse, die sich besonders in Galizien (Boryslaw), aber auch im Kaukasus und den USA findet. d = 0,9, Smp. 60—70°. Zeresin, Mineralwachs, ist weiter gereinigtes und gebleichtes Erdwachs. Es läßt sich leicht färben, mit Wachs und wachsähnlichen Stoffen mischen und dient zur Herstellung von Kerzen, als Bohnerwachs und in der Leder- und Zeugappretur. Die Handelszeresine sind Gemische von Zeresin und Paraffin; manchmal enthalten sie überhaupt kein Zeresin mehr. Ist ein Zeresin- oder Ozokeritgehalt garantiert, so spricht man von „Ozokerit-Zeresin".

Asphalt, eine braunschwarze, amorphe Masse mit muscheligem Bruch, erweicht beim Erwärmen und riecht dann teerähnlich. Es löst sich schwer in Alkohol, aber leicht in Terpentinöl und Benzin und brennt mit rußender Flamme. d = 1,1. Trinidad, das den besten Asphalt liefert, förderte 1936 113,8 kt. Ferner kommt Asphalt vom Toten Meer (syrischer Asphalt), aus den USA (Gilsonit), Mexiko und Albanien (Selenizza). Im DR wurden 1937 113,8 kt Asphaltgestein mit 4,6 kt Asphaltinhalt gefördert (in Kalkstein aufgesaugter Asphalt).

Im Straßenbau wird Asphalt in Form von Stampfasphalt, Gußasphalt und Walzasphalt angewendet. — Stampfasphalt: Durch Erwärmen erweichter Asphaltstein wird auf eine Betonunterlage aufgestampft. — Gußasphalt (für Gehsteige): aus Asphaltstein und Goudron, d. i. eine Lösung von hartem Asphalt in Mineralöl, wird Asphaltmastix erschmolzen, dessen Brei zusammen mit Kies aufgestrichen wird. — Walzasphalt: Makadamstraße, deren oberste Schicht als Bindemittel Asphalt enthält. — Asphaltlack zum Anstrich von Eisen (Rostschutz) ist mit Harz verschmolzener und in Terpentinöl oder Schwerbenzin gelöster Asphalt.

Die wasserabweisende Dachpappe ist mit kochendem Teer unter Zusatz von Asphalt oder Pech getränkte, gut saugfähige Pappe, die mit Sand bestreut ist. Edeldachpappe erhält eine Deckschicht von echtem Asphalt.

Dem Naturasphalt verwandt ist das bei der Destillation des Erdöles gewonnene Bitumen. Hochvakuumbitumen ist besonders hart. Geblasenes Bitumen wird durch Blasen von Rückstandsölen mit Luft bei erhöhter Temperatur gewonnen. Bitumen wird wie Asphalt im Straßenbau, Hoch- und Tiefbau, ferner für mannigfache Isolier- und Vergußmassen verwendet.

Sachverzeichnis

Geisteswissenschaften

Philosophie

Einführung in die Philosophie von *H. Leisegang*†. 3. Aufl. 145 S. 1957 *(281)*

Hauptprobleme der Philosophie von *G. Simmel* †. 7., unveränd. Aufl. 177 S. 1950 *(500)*

Geschichte der Philosophie

I: Die Griechische Philosophie von *W. Capelle*. 1. Teil. Von Thales bis Leukippos. 2., erw. Aufl. 135 S. 1953 *(857)*

II: Die griechische Philosophie von *W. Capelle*. 2. Teil. Von der Sophistik bis zum Tode Platons. 2., stark erw. Aufl. 144 S. 1953 *(858)*

III: Die griechische Philosophie von *W. Capelle*. 3. Teil. Vom Tode Platons bis zur Alten Stoa. 2., stark erw. Aufl. 132 S. 1954. *(859)*

IV: Die griechische Philosophie von *W. Capelle*. 4. Teil. Von der Alten Stoa bis zum Eklektizismus im 1. Jh. v. Chr. 2., stark erw. Aufl. 132 S. 1954 *(863)*

V: Die Philosophie des Mittelalters von *J. Koch*. In Vorb. *(826)*

VI: Von der Renaissance bis Kant von *K. Schilling*. 234 S. 1954 *(394/394a)*

VII: Immanuel Kant von *G. Lehmann*. In Vorb. *(536)*

VIII: Die Philosophie des 19. Jahrhunderts von *G. Lehmann*. 1. Teil. 151 S. 1953 *(571)*

IX: Die Philosophie des 19. Jahrhunderts von *G. Lehmann*. 2. Teil. 168 S. 1953 *(709)*

X: Die Philosophie im ersten Drittel des 20. Jahrhunderts I von *G. Lehmann*. 128 S. 1957 *(845)*

Die geistige Situation der Zeit (1931) von *K. Jaspers*. 4., unveränd. Abdruck der 1932 bearb. 5. Aufl. 211 S. 1955 *(1000)*

Erkenntnistheorie von *G. Kropp*. 1. Teil: Allgemeine Grundlegung. 143 S. 1950 *(807)*

Formale Logik von *P. Lorenzen*. 170 S. 1958 *(1176/1176a)*

Philosophisches Wörterbuch von *M. Apel*†. 5. Aufl., neub. von *P. Ludz*. 315 S. 1958 *(1031/1031a)*

Philosophische Anthropologie. Menschliche Selbstdeutung in Geschichte und Gegenwart von *M. Landmann*. 266 S. 1955 *(156/156a)*

Pädagogik, Psychologie Soziologie

Geschichte der Pädagogik von *Herm. Weimer*. 12., neub. u. verm. Aufl. von *Heinz Weimer*. 177 S. 1956 *(145)*

Therapeutische Psychologie. Ihr Weg durch die Psychoanalyse von *W. M. Kranefeldt*. Mit einer Einführung von *C. G. Jung*. 3., unveränd. Aufl. 152 S. 1956 *(1034)*

Allgemeine Psychologie von *Th. Erismann*. 3 Bde.

I: Grundprobleme. 2., neub. Aufl. 144 S. 1958 *(831)*

Soziologie. Geschichte und Hauptprobleme von *L. von Wiese*. 5. Aufl. 162 S. 1954 *(101)*

Sozialpsychologie von *P. R. Hofstätter*. 181 S., 15 Abb., 22 Tab. 1956 *(104/104a)*

Psychologie des Berufs- und Wirtschaftslebens von *W. Moede*. 190 S., 48 Abb. 1958 *(851/851a)*

Industrie- und Betriebssoziologie von *R. Dahrendorf*. 120 S. 1956 *(103)*

Religionswissenschaften

Jesus von *M. Dibelius*†. 2. Aufl. Unveränd. Nachdr. 137 S. 1949 *(1130)*

Paulus von *M. Dibelius*†. Nach dem Tode des Verfassers herausgegeben und zu Ende geführt von *W. G. Kümmel*. 2. Aufl. 155 S. 1956 *(1160)*

Römische Religionsgeschichte von *F. Altheim*. 2 Bde. 2., umgearb. Aufl.

I: Grundlagen und Grundbegriffe. 116 S. 1956 *(1035)*

II: Der geschichtliche Ablauf. 164 S. 1956 *(1052)*

Geschichte Israels von *E. L. Ehrlich*. 158 S., 1 Taf. 1958 *(231/231a)*

Musik

Musikästhetik von *H. J. Moser.* 180 S. 1953 *(344)*
Systematische Modulation von *R. Hernried.* 2. Aufl. 136 S. 1950 *(1094)*
Der polyphone Satz von *E. Pepping.* 2 Bde.
1. Teil: Der cantus-firmus-Satz. 2. Aufl. 223 S. 1950 *(1148)*
2. Teil: Übungen im doppelten Kontrapunkt und im Kanon. 137 S. 1957 *(1164/1164a)*
Allgemeine Musiklehre von *H. J. Moser.* 2., durchges. Aufl. 155 S. 1955 *(220/220a)*
Harmonielehre von *H. J. Moser.* 2 Bde. I: 109 S. 1954 *(809)*
Die Musik des 19. Jahrhunderts von *W. Oehlmann.* 180 S. 1953 *(170)*
Die Musik des 20. Jahrhunderts von *W. Oehlmann.* 1958 In Vorb. *(171/171a)*
Technik der deutschen Gesangskunst von *H. J. Moser.* 3., durchges. und verb. Aufl. 144 S., 5 Fig. 1954 *(576/576a)*
Die Kunst des Dirigierens von *H. W. von Waltershausen*†. 2. Aufl. 138 S. 1954 *(1147)*
Die Technik des Klavierspiels aus dem Geiste des musikalischen Kunstwerkes von *K. Schubert*† 3. Aufl. 110 S. 1954 *(1045)*

Kunst

Stilkunde von *H. Weigert.* 2 Bde. 3., durchges. Aufl.
I: Vorzeit, Antike, Mittelalter. 136 S., 94 Abb. 1958 *(80)*
II: Spätmittelalter und Neuzeit. 150 S., 88 Abb. *(Bd. 781)*
Archäologie von *A. Rumpf.* 2 Bde.
I: Einleitung, historischer Überblick. 143 S., 6 Abb., 12 Taf. 1953 *(538)*
II: Die Archäologensprache. Die antiken Reproduktionen. 136 S., 7 Abb., 12 Taf. 1956 *(539)*

Geschichte

Einführung in die Geschichtswissenschaft von *P. Kirn.* 2. Aufl. 121 S. 1952 *(270)*
Zeitrechnung d. röm. Kaiserzeit, des Mittelalters und der Neuzeit für die Jahre 1—2000 n. Chr. von *H. Lietzmann*†. 3. Aufl., durchges. von *K. Aland.* 130 S. 1956 *(1085)*
Kultur der Urzeit von *F. Behn.* 3 Bde. 4. Aufl. der „Kultur der Urzeit" Bd. I—III von *M. Hoernes.*
I: Die vormetallischen Kulturen. (Die Steinzeiten Europas. Gleichartige Kulturen in anderen Erdteilen.) 172 S., 48 Abb. 1950 *(564)*
II: Die älteren Metallkulturen. (Der Beginn der Metallbenutzung. Kupfer- und Bronzezeit in Europa, im Orient und in Amerika). 160 S., 67 Abb. 1950 *(565)*
III: Die jüngeren Metallkulturen. (Das Eisen als Kulturmetall. Hallstatt-Latène-Kultur in Europa. Das erste Auftreten des Eisens in den anderen Erdteilen.) 149 S., 60 Abb. 1950 *(566)*
Vorgeschichte Europas von *F. Behn.* Völlig neue Bearbeitung der 7. Aufl. der „Urgeschichte der Menschheit" von *M. Hoernes.* 125 S., 47 Abb. 1949 *(42)*
Der Eintritt der Germanen in die Geschichte von *J. Haller.* 3. Aufl., durchges. von *H. Dannenbauer.* 120 S., 6 Ktnskizz. 1957 *(1117)*
Von den Karolingern zu den Staufern von *J. Haller* †. Die altdeutsche Kaiserzeit (900—1250). 4., durchges. Aufl. von *H. Dannenbauer.* 142 S. 1958 *(1065)*
Deutsche Geschichte im Zeitalter der Reformation, der Gegenreformation und des 30jährigen Krieges von *F. Hartung.* 129 S. 1951 *(1105)*
Deutsche Geschichte von 1648 bis 1740 von *W. Treue.* 120 S. 1956 *(35)*
Deutsche Geschichte von 1713 bis 1806 von *W. Treue.* 168 S. 1957 *(39)*
Quellenkunde der deutschen Geschichte im Mittelalter (bis zur Mitte des 15. Jahrhunderts) von *K. Jacob*†. 3 Bde.
II: Die Kaiserzeit (911—1250). 4. Aufl. 127 S. 1949 *(280)*
III: Das Spätmittelalter (vom Interregnum bis 1500). Herausgeg. von *F. Weden.* 152 S. 1952 *(284)*
Geschichte Englands von *H. Preller.*
I: bis 1815. 3., stark umgearb. Aufl. 135 S., 7 Stammtaf., 2 Ktn. 1952 *(375)*
II: von 1815 bis 1910. 2., völlig

umgearb. Aufl. 118 S., 1 Stammtaf., 7 Ktn. 1954 *(1088)*

Römische Geschichte von *F. Altheim*. 4 Bde. 2., verb. Aufl.
I: Bis zur Schlacht bei Pydna (168 v. Chr.). 123 S. 1956 *(19)*
II: Bis zur Schlacht bei Actium (31 v. Chr.). 130 S. 1956 *(677)*
III: Bis zur Schlacht an der Milvischen Brücke (312 n. Chr.). 144 S. 1958 *(679)*

Geschichte der Vereinigten Staaten von Amerika von *O. Graf zu Stolberg-Wernigerode*. 192 S., 10 Ktn. 1956 *(1051/1051 a)*

Deutsche Sprache und Literatur

Geschichte der deutschen Sprache v. *H. Sperber*. 2. Aufl., durchges. v. *W. Fleischhauer*. 128 S. 1958. *(915)*

Deutsches Rechtschreibungswörterbuch von *M. Gottschald*. 2., verb. Aufl. 269 S. 1953 *(200/200a)*

Deutsche Wortkunde. Eine kulturgeschichtliche Betrachtung des deutschen Wortschatzes von *A. Schirmer*. 3., durchges. Aufl. 109 S. 1949 *(929)*

Deutsche Sprachlehre von *W. Hofstaetter*. 9., neubearb. Aufl. von *G. Spree*. 144 S. 1953 *(20)*

Stimmkunde für Beruf, Kunst und Heilzwecke von *H. Biehle*. 111 S. 1955 *(60)*

Redetechnik. Einführung in die Rhetorik von *H. Biehle*. 115 S. 1954 *(61)*

Sprechen und Sprachpflege (Die Kunst des Sprechens) v. *H. Feist*. 2., verb. Aufl. 99 S., 25 Abb. 1952 *(1122)*

Deutsches Dichten und Denken von der germanischen bis zur staufischen Zeit von *H. Naumann*. (Deutsche Literaturgeschichte vom 5.—13. Jahrhundert). 2., verb. Aufl. 166 S. 1952 *(1121)*

Deutsches Dichten und Denken vom Mittelalter zur Neuzeit von *G. Müller* (1270—1700). 2., durchges. Aufl. 159 S. 1949 *(1086)*

Deutsches Dichten und Denken von der Aufklärung bis zum Realismus von *K. Viëtor* † (1700—1890). 3., durchges. Aufl. von *G. Erdmann*. 1 9 S. 1958 *(1096)*

Der Nibelunge Nôt in Auswahl mit kurzem Wörterbuch von *K. Langosch*. 10., durchges. Aufl. 164 S. 1956 *(1)*

Kudrun- und Dietrich-Epen in Auswahl mit Wörterbuch von *O. L. Jiriczek*. 6. Aufl. bearb. von *R. Wisniewski*. 173 S. 1957. *(10)*

Wolfram von Eschenbach. Parzival. Eine Auswahl mit Anmerk. und Wörterbuch. Von *H. Jantzen*. 2. Aufl., bearb. von *H. Kolb*. 128 S. 1957 *(921)*

Hartmann von Aue von *F. Maurer*. 1958. In Vorb. *(18)*

Die deutschen Personennamen von *M. Gottschald*. 2., verb. Aufl. 151 S. 1955 *(422)*

Althochdeutsches Elementarbuch von *H. Naumann* † und *W. Betz*. 2. Aufl. 156 S. 1954 *(1111)*

Mittelhochdeutsche Grammatik von *H. de Boor* und *R. Wisniewski*. 141 S. 1956 *(1108)*

Indogermanisch, Germanisch

Gotisches Elementarbuch. Grammatik, Texte mit Übersetzung und Erläuterungen von *H. Hempel*. 2., umgearb. Aufl. 165 S. 1953 *(79)*

Indogermanische Sprachwissenschaft von *H. Krahe*. 2 Bde. 3. Aufl.
I: Einleitung und Lautlehre. 106 S. 1958. *(59)*

Germanische Sprachwissenschaft von *H. Krahe*. 2 Bde. 3., neub. Aufl.
I: Einleitung und Lautlehre. 147 S. 1956 *(238)*
II: Formenlehre. 149 S. 1957 *(780)*

Altnordisches Elementarbuch von *F. Ranke*. Schrifttum, Sprache, Texte mit Übersetzung und Wörterbuch. 2., durchges. Aufl. 146 S. 1949 *(1115)*

Englisch, Französisch Italienisch

Altenglisches Elementarbuch von *M. Lehnert*. Einführung, Grammatik, Texte mit Übersetzung und Wörterbuch. 3., verb. Aufl. 178 S. 1955 *(1125)*

Historische neuenglische Laut- und Formenlehre von *E. Ekwall*. 3., durchges. Aufl. 150 S. 1956 *(735)*

Englische Phonetik von *H. Mutschmann* †. 117 S. 1956 *(601)*

Englische Literaturgeschichte. 4 Bde.
I: Die alt- und mittelenglische Periode v. *F. Schubel*. 163 S. 1954 *(1114)*
II: Von der Renaissance bis zur Aufklärung von *F. Schubel*. 160 S. 1956 *(1116)*
III: Romantik und Viktorianismus v. *P. Meissner*†. 150 S. 1938 *(1124)*
IV: Das 20. Jahrhundert von *P. Meissner*†. 150 S. 1939 *(1136)*

Beowulf von *M. Lehnert*. Eine Auswahl mit Einführung, teilweiser Übersetzung, Anmerkungen und etymologischem Wörterbuch. 2., verb. Aufl. 135 S. 1949 *(1135)*

Shakespeare von *P. Meissner*†. 2. Aufl. neubearb. von *M. Lehnert*. 136 S. 1954 *(1142)*

Italienische Literaturgeschichte von *K. Vossler*†. Unveränd. Nachdr. der 1927 erschien. 4., durchges. und verb. Aufl. 148 S. 1948 *(125)*

Romanische Sprachwissenschaft von *H. Lausberg*. 2 Bde. 1956.
I: Einleitung und Vokalismus. 160 S. *(128/128a)*
II: Konsonantismus. 95 S. *(250)*

Griechisch, Lateinisch

Griechische Sprachwissenschaft von *W. Brandenstein*. 2 Bde.
I: Einleitung, Lautsystem, Etymologie. 160 S. 1954 *(117)*

Geschichte der griechischen Sprache. 2 Bde.
I: Bis zum Ausgang der klassischen Zeit von *O. Hoffmann*†. 3. Aufl. bearb. von *A. Debrunner*†. 156 S. 1954 *(111)*
II: Grundfragen und Grundzüge des nachklass. Griechisch. Von *A. Debrunner*. 144 S. 1954 *(114)*†

Geschichte der lateinischen Sprache von *F. Stolz*†. 3., stark umgearb. Auflage von *A. Debrunner*†. 136 S. 1953 *(492)*

Hebräisch, Sanskrit, Russisch

Hebräische Grammatik von *G. Beer*†. 2 Bde. 2., völlig neub. Aufl. von *R. Meyer*.
I: Schrift-, Laut- und Formenlehre I. 157 S. 1952 *(763/763a)*
II: Formenlehre II. Syntax und Flexionstabellen. 195 S. 1955 *(764/764a)*

Sanskrit-Grammatik von *M. Mayrhofer*. 89 S. 1953 *(1158)*

Russische Grammatik von *E. Berneker*. 6., unveränd. Aufl. von *M. Vasmer*. 155 S. 1947 *(66)*

Erd- und Länderkunde

Afrika von *F. Jaeger*. Ein geograph. Überblick. 2 Bde. 2., umgearb. Aufl.
I: Der Lebensraum. 179 S., 18 Abb. 1954 *(910)*
II: Mensch und Kultur. 152 S., 6 Abb. 1954 *(911)*

Australien und Ozeanien von *H. J. Krug*. 176 S., 46 Skizz. 1953 *(319)*

Kartenkunde von *M. Eckert-Greifendorff*†. 3., durchges. Aufl. von *W. Kleffner*. 149 S., 63 Abb. 1950 *(30)*

Volkswirtschaft, Publizistik

Allgemeine Betriebswirtschaftslehre von *K. Mellerowicz*. 3 Bde. 9., unveränd. Aufl.
I: 142 S. 1956 *(1008)*
II: 112 S. 1956 *(1153)*
III: 143 S. 1956 *(1154)*

Allgemeine Volkswirtschaftslehre von *A. Paulsen*. 4 Bde. 2., durchges. u. erg. Aufl.
I: Grundlegung, Wirtschaftskreislauf. 140 S. 1958 *(Bd. 1169)*
II: Haushalte, Unternehmungen, Marktformen. 163 S. 32 Abb. 1958 *(1170)*

Zeitungslehre von *E. Dovifat*. 2 Bde. 3., neubearb. Aufl.
I: Theoretische und rechtliche Grundlagen — Nachricht und Meinung — Sprache und Form. 148 S. 1955 *(1039)*
II: Redaktion — Die Sparten Verlag und Vertrieb, Wirtschaft und Technik, Sicherung der öffentlichen Aufgabe. 158 S. 1955 *(1040)*

Naturwissenschaften

Mathematik

Geschichte der Mathematik von *J. E. Hofmann.* 3 Bde.
I: Von den Anfängen bis zum Auftreten von Fermat und Descartes. 200 S. 1953 *(226)*
II: Von Fermat und Descartes bis zur Erfindung des Calculus und bis zum Ausbau der neuen Methoden. 109 S. 1957 *(875)*
III: Von den Auseinandersetzungen um den Calculus bis zur Französischen Revolution. 107 S. 1957 *(882)*

Mathematische Formelsammlung von *F. Ringleb.* Vollst. umgearb. Neuausg. des Werkes von *O. Th. Bürklen.* 6., erw. Aufl. 278 S., 53 Fig. 1956 *(51/51 a)*

Fünfstellige Logarithmen von *A. Adler.* Mit mehreren graphischen Rechentafeln und häufig vorkommenden Zahlwerten. 2. Aufl. Neudr. 127 S., 1 Taf. 1949 *(423)*

Arithmetik von *P. B. Fischer*†. 3. Aufl. von *H. Rohrbach.* 152 S. 1958 *(47)*

Höhere Algebra von *H. Hasse.* 2 Bde. 4., durchges. Aufl.
I: Lineare Gleichungen. 152 S. 1957 *(931)*
II: Gleichungen höheren Grades. 158 S., 5 Fig. 1958 *(932)*

Aufgabensammlung zur höheren Algebra von *H. Hasse* und *W. Klobe.* 2., verb. und verm. Aufl. 181 S. 1952 *(1082)*

Elementare und klassische Algebra vom modernen Standpunkt von *W. Krull.* 2 Bde. 2., erw. Aufl.
I: 136 S. 1952 *(930)*
II: In Vorb. 1958 *(933)*

Einführung in die Zahlentheorie von *A. Scholz*†. Überarb. und herausgeg. von *B. Schoeneberg.* 2. Aufl. 128 S. 1955 *(1131)*

Elemente der Funktionentheorie von *K. Knopp*†. 4. Aufl. 144 S., 23 Fig. 1955 *(1109)*

Funktionentheorie von *K. Knopp*†. 2 Bde.
I: Grundlagen der allgem. Theorie der analytischen Funktionen. 9., neub. Aufl. 144 S., 8 Fig. 1957 *(668)*
II: Anwendungen und Weiterführung der allgemeinen Theorie. 8./9. Aufl. 130 S., 7 Fig. 1955 *(703)*

Aufgabensammlung zur Funktionentheorie von *K. Knopp*†. 2 Bde.
I: Aufgaben zur elementaren Funktionentheorie. 5. Aufl. 135 S. 1958 *(877)*
II: Aufgaben zur höheren Funktionentheorie. 4. Aufl. 151 S. 1949 *(878)*

Gewöhnliche Differentialgleichungen von *G. Hoheisel.* 5., durchges. Aufl. 129 S. 1956 *(920)*

Partielle Differentialgleichungen v. *G. Hoheisel.* 3., neub. Aufl. 130 S. 1953 *(1003)*

Aufgabensammlung zu den gewöhnlichen und partiellen Differentialgleichungen von *G. Hoheisel.* 2., umgearb. Aufl. 124 S. 1952 *(1059)*

Integralgleichungen von *G. Hoheisel.* 2., durchges. Aufl. 1958 In Vorb. *(1099)*

Mengenlehre von *E. Kamke.* 3., neub. Auflage. 194 S., 6 Fig. 1955 *(999/999a)*

Gruppentheorie von *L. Baumgartner.* 3., neub. Aufl. 1958. In Vorb. *(837/837a)*

Ebene und sphärische Trigonometrie von *G. Hessenberg.* 5. Aufl., durchges. von *H. Kneser.* 172 S., 60 Fig. 1957 *(99)*

Darstellende Geometrie von *W. Haack.* 3 Bde.
I: Die wichtigsten Darstellungsmethoden. Grund- und Aufriß ebenflächiger Körper. 2., durchges. u. erg. Aufl. 113 S. 1958 *(142)*
II: Körper mit krummen Begrenzungsflächen. Kotierte Projektionen. 129 S., 86 Abb. 1954 *(143)*
III: Axonometrie und Perspektive. 127 S., 100 Abb. 1957 *(144)*

Analytische Geometrie von *K. P. Grotemeyer.* 201 S., 73 Abb. 1958 *(65/65a)*

Sammlung von Aufgaben und Beispielen zur analytischen Geometrie der Ebene von *R. Haussner*†. Mit den vollständigen Lösungen. 139 S., 22 Fig. Neudr. 1949 *(256)*

Nichteuklidische Geometrie. Hyperbolische Geometrie der Ebene. Von *R. Baldus*†. 3., verb. Aufl., durchges. und herausgeg. von *F. Löbell.* 140 S., 70 Fig. 1953 *(970)*
Differentialgeometrie von *K. Strubecker* (früher Rothe). 3 Bde.
I: Kurventheorie der Ebene und des Raumes. 150 S., 18 Fig. 1955 *(1113/1113a)*
II: Theorie der Flächenmetrik. 195 S., 14 Fig. 1958 *(1179/1179a)*
III: Theorie der Flächenkrümmung. 1958 In Vorb. *(1180/ 1180a)*
Einführung in die konforme Abbildung von *L. Bieberbach.* 5., erw. Aufl. 180 S., 42 Fig. 1956 *(768/768a)*
Vektoren und Matrizen von *S. Valentiner.* 8., erw. Aufl. der „Vektoranalysis". Mit Anh.: Aufgaben zur Vektorrechnung von *H. König.* 202 S., 35 Fig. 1958 *(354/354a)*
Vermessungskunde von *P. Werkmeister.* 3 Bde.
I: Stückmessung und Nivellieren. 10., völl. neub. Aufl. von *W. Grossmann.* 140 S., 117 Fig. 1958 *(468)*
II: Messung von Horizontalwinkeln. Festlegung von Punkten im Koordinatensystem. Absteckungen. 7. Aufl. 151 S., 93 Fig. 1949 *(469)*
III: Trigonometrische und barometrische Höhenmessung. Tachymetrie und Topographie. 6. Aufl. 147 S., 64 Fig. 1949 *(862)*
Versicherungsmathematik von *F. Böhm.* 2 Bde.
I: Elemente der Versicherungsrechnung. 3., verm. und verb. Aufl. Durchges. Neudr. 151 S. 1954 *(180)*
II: Lebensversicherungsmathematik. Einführung in die technischen Grundlagen der Sozialversicherung. 2., verb. Aufl. 205 S. 1953 *(917/917a)*

Physik

Einführung in die theoretische Physik von *W. Döring.* 5 Bde.
I: Mechanik. 119 S., 29 Abb. 1954 *(76)*
II: Das elektromagnetische Feld. 123 S., 15 Abb. 1955 *(77)*
III: Optik. 117 S., 32 Abb. 1956 *(78)*
IV: Thermodynamik. 107 S., 9 Abb. 1956 *(374)*
V: Statistische Mechanik. 114 S., 12 Abb. 1957 *(1017)*
Atomphysik von *K. Bechert* und *Ch. Gerthsen*†. 7 Bde. 3., umgearb. Aufl.
I: Allgemeine Grundlagen. 1. Teil. 124 S., 55 Abb. 1955 *(1009)*
II: Allgemeine Grundlagen. 2. Teil. 112 S., 48 Abb. 1955 *(1033)*
III: Theorie des Atombaus. 1. Teil. 148 S., 16 Abb. 1954 *(1123/1123a)*
IV: Theorie des Atombaus. 2. Teil. 170 S., 14 Abb. 1954 *(1165/1165a)*
Differentialgleichungen der Physik von *F. Sauter.* 3., durchges. u. erg. Aufl. 147 S., 16 Fig. 1958 *(1070)*
Physikalische Formelsammlung von *G. Mahler*† und *K. Mahler.* 9., durchges. Aufl. 153 S., 69 Fig. 1955 *(136)*
Physikalische Aufgabensammlung von *G. Mahler*†. Neub. von *K. Mahler.* Mit den Ergebn. 9., durchges. Aufl. 127 S., 1957 *(243)*

Chemie

Geschichte der Chemie in kurzgefaßter Darstellung von *G. Lockemann.* 2 Bde.
I: Vom Altertum bis zur Entdekkung des Sauerstoffs. 142 S., 8 Bildn. 1950 *(264)*
II: Von der Entdeckung des Sauerstoffs bis zur Gegenwart. 151 S., 16 Bildn. 1955 *(265/265a)*
Anorganische Chemie von *W. Klemm.* 10., durchges. und erg. Aufl. 185 S., 18 Abb. 1958 *(37)*
Organische Chemie von *W. Schlenk.* 7., erw. Aufl. 269 S., 16 Abb. 1957 *(38/38a)*
Allgemeine und physikalische Chemie von *W. Schulze.* 2 Bde. 4., neubearb. Aufl.
I: 139 S., 10 Fig. 1955 *(Bd. 71)*
II: 176 S., 37 Fig. 1956 *(698/698a)*
Molekülbau. Theoretische Grundlagen und Methoden der Strukturermittlung von *W. Schulze.* 123 S., 43 Fig. 1958 *(Bd. 786)*
Physikalisch-Chemische Rechenaufgaben von *E. Asmus.* 3., verb. Aufl. 96 S. 1958 *(445)*
Analytische Chemie von *J. Hoppe.* 2 Bde. 5., verb. Aufl.

I: Reaktionen. 135 S. 1950 *(247)*
II: Gang der qualitativen Analyse. 166 S. 1950 *(248)*

Maßanalyse. Theorie und Praxis der klassischen und der elektrochemischen Titrierverfahren. Von *G. Jander* und *K. F. Jahr.* 7., erg. Aufl. 303 S., 50 Fig. 1956 *(221/221a)*

Thermochemie von *W. A. Roth.* 2., verb. Aufl. 109 S., 16 Fig. 1952 *(1057)*

Stöchiometrische Aufgabensammlung. Mit den Ergebn. von *W. Bahrdt*† und *R. Scheer.* 6., durchges. Aufl. 118 S. 1957 *(452)*

Elektrochemie und ihre physikalisch-chemischen Grundlagen von *A. Dassler.* 2 Bde.
I: 149 S., 21 Abb. 1950 *(252)*
II: 178 S., 17 Abb. 1950 *(253)*

Technologie

Warenkunde von *K. Hassak*† und *E. Beutel*†. 2 Bde.
I: Anorganische Waren sowie Kohle und Erdöl. 8. Aufl. neubearb. von *A. Kutzelnigg.* 119 S., 17 Fig. 1958 *(222)*
II: Organische Waren. 7. Aufl. neubearb. von *A. Kutzelnigg.* 143 S., 32 Fig. 1949 *(223)*

Die Fette und Öle von *K. Braun*†. 5., völlig neubearb. und verb. Aufl. von *Th. Klug.* 145 S. 1950 *(335)*

Die Seifenfabrikation von *K. Braun*†. 3., neubearb. und verb. Aufl. von *Th. Klug.* 116 S., 18 Abb. 1953 *(336)*

Textilindustrie
I: Spinnerei und Zwirnerei. Von *A. Blümcke.* 111 S., 43 Abb. 1954 *(184)*

Biologie

Einführung in die allgemeine Biologie von *M. Hartmann.* 132 S., 2 Abb. 1956 *(96)*

Hormone von *G. Koller.* 2., neubearb. und erw. Aufl. 187 S., 60 Abb., 19 Tab. 1949 *(1141)*

Fortpflanzung im Tier- und Pflanzenreich von *J. Hämmerling.* 2., erg. Aufl. 135 S., 101 Abb. 1951 *(1138)*

Geschlecht und Geschlechtsbestimmung im Tier- und Pflanzenreich von *M. Hartmann.* 2., verb. Aufl. 116 S., 61 Abb., 7 Tab. 1951 *(1127)*

Grundriß der allgemeinen Mikrobiologie von *W. Schwartz.* 2 Bde.
I: 104 S., 17 Abb. 1949 *(1155)*
II: 93 S., 12 Abb. 1949 *(1157)*

Symbiose der Tiere mit pflanzlichen Mikroorganismen von *P. Buchner.* 2., verb. und verm. Aufl. 130 S. 121 Abb. 1949 *(1128)*

Botanik

Entwicklungsgeschichte des Pflanzenreiches von *H. Heil.* 2. Aufl. 138 S., 94 Abb., 1 Tab. 1950 *(1137)*

Morphologie der Pflanzen von *L. Geitler.* 3. Aufl. 126 S., 114 Abb. 1953 *(141)*

Pflanzengeographie von *L. Diels*†. 5., völl. neub. Aufl. von *F. Mattick.* 196 S., 2 Ktn. 1958 *(389/389a)*

Die Laubhölzer. Kurzgefaßte Beschreibung der in Mitteleuropa gedeihenden Laubbäume und Sträucher. Von *F. W. Neger*† und *E. Münch*†. 3., durchges. Aufl. herausgeg. von *B. Huber.* 143 S., 63 Fig. 7 Tab. 1950 *(718)*

Die Nadelhölzer (Koniferen) und übrigen Gymnospermen von *F. W. Neger*† und *E. Münch*†. 4. Aufl., durchges. und erg. von *B. Huber.* 140 S., 75 Fig., 4 Tab., 3 Ktn. 1952 *(355)*

Pflanzenzüchtung von *H. Kuckuck* 2 Bde.
I: Grundzüge der Pflanzenzüchtung. 3., völlig umgearb. Aufl. 132 S., 22 Abb. 1952 *(1134)*
II: Spez. gartenbaul. Pflanzenzüchtung. 178 S., 27 Abb. 1957 *(1178/1178a)*

Zoologie

Entwicklungsphysiologie der Tiere von *F. Seidel.* 2 Bde.
I: Ei und Furchung. 126 S., 29 Abb. 1953 *(1162)*
II: Körpergrundgestalt und Organbildg. 159 S., 42 Abb. 1953 *(1163)*

Das Tierreich.
Fische von *D. Lüdemann.* 130 S., 65 Abb. 1955 *(356)*
Insekten von *H. von Lengerken* 128 S., 58 Abb. 1953 *(594)*
Lurche (Chordatiere) von *K. Herter.* 143 S., 129 Abb. 1955 *(847)*

Spinnentiere (Trilobitomorphen, Fühlerlose) und Tausendfüßler. von *A. Kaestner*. 96 S., 55 Abb. 1955 *(1161)*
Würmer. Platt-, Hohl-, Schnurwürmer, Komptozoen, Ringelwürmer, Protracheaten, Bärtierchen, Zungenwürmer von *S. Jaeckel*. 114 S., 36 Abb. 1955 *(439)*
Weichtiere. Urmollusken, Schnekken, Muscheln, Kopffüßer von *S. Jaeckel*. 92 S., 34 Abb. 1954 *(440)*
Stachelhäuter. Tentakulaten, Binnenatmer u. Pfeilwürmer von *S. Jaeckel*. 100 S., 46 Abb. 1955 *(441)*
Schwämme und Hohltiere von *H. J. Hannemann*. 95 S., 80 Abb. 1956 *(442)*
Krebse von *H. E. Gruner* und *K. Deckert*. 114S., 43Abb. 1956 *(443)*
Einzeller, Protozoen von *E. Reichenow*. 115 S., 59 Abb. 1956 *(444)*
Vergleichende Physiologie der Tiere von *K. Herter*. 2 Bde. 3. Aufl. der „Tierphysiologie".
I: Stoff- und Energiewechsel. 155 S., 64 Abb. 1950 *(972)*
II: Bewegung und Reizerscheinungen. 148 S., 110 Abb. 1950 *(973)*

Land- und Forstwirtschaft

Landwirtschaftliche Tierzucht. Die Züchtung und Haltung der landwirtschaftlichen Nutztiere von *H. Vogel*. 139 S., 11 Abb. 1952 *(228)*
Kulturtechnische Bodenverbesserungen von *O. Fauser*. 2. Bde. 4., neubearb. Aufl.
I: Allgemeines, Entwässerung. 122 S., 47 Abb. 1947 *(691)*
II: Bewässerung, Ödlandkultur, Umlegung. 150 S., 67 Abb. 1949 *(692)*
Agrikulturchemie von *K. Scharrer*. 2 Bde.
I: Pflanzenernährung. 143 S. 1953 *(329)*
II: Futtermittelkunde. 192 S. 1956 *(330/330a)*

Geologie, Mineralogie Kristallographie

Geologie von *F. Lotze*. 176 S., 80 Abb. 1955 *(13)*
Mineral- und Erzlagerstättenkunde von *H. Huttenlocher*†. 2 Bde.
I: 128 S., 34 Abb. 1954 *(1014)*
II: 156 S., 48 Abb. 1954 *(1015/1015a)*
Allgemeine Mineralogie. 10., erw. Aufl. der „Mineralogie" von *R. Brauns*† und *K. F. Chudoba*. 120 S., 120 Fig., 1 Taf., 3 Tab. 1958 *(29)*
Spezielle Mineralogie. 9., erw. Aufl. der „Mineralogie" von *R. Brauns*† und *K. F. Chudoba*. 133 S., 105 Fig. 1955 *(31)*
Petrographie (Gesteinskunde) von *W. Bruhns*† und *P. Ramdohr*. 4., durchges. Aufl. 104 S., 10 Fig. 1955 *(173)*
Kristallographie von *W. Bruhns*† und *P. Ramdohr*. 4. Aufl. 106 S., 163 Abb. 1954 *(210)*
Einführung in die Kristalloptik von *E. Buchwald*. 4., verb. Aufl. 138 S., 121 Fig. 1952 *(619)*
Lötrohrprobierkunde. Mineraldiagnose mit Lötrohr- und Tüpfelreaktion. Von *M. Henglein*. 3., verb. Aufl. 91 S., 11 Fig. 1949 *(483)*

Technik

Graphische Darstellung in Wissenschaft und Technik von *M. Pirani*. 3., erw. Aufl. bearb. von *J. Fischer* unter Benutzung der von *I. Runge* bes. 2. Aufl. 216 S., 104 Abb. 1957 *(728/728a)*

Elektrotechnik

Grundlagen der allgemeinen Elektrotechnik von *O. Mohr*. 3 Bde.
I : Die drei Feldformen. 96 S., 41 Abb., 6 Taf. 1956 *(196)*
II: Die wichtigsten elektr. und phys. Grunderscheinungen. 95 S., 36 Abb., 7 Taf. 1956 *(197)*
III: Schaltvorgänge, Widerstandsformen, Meßtechnik. 91 S., 59 Abb., 1 Taf. 1956 *(198)*
Die Gleichstrommaschine von *K. Humburg*. 2 Bde. 2., durchges. Aufl.

I: 102 S., 59 Abb. 1956 *(257)*
II: 101 S., 38 Abb. 1956 *(881)*
Die synchrone Maschine von *K. Humburg.* Neudr. 109 S., 78 Abb. 1951 *(1146)*
Induktionsmaschinen von *F. Unger.* 2., erw. Aufl. 142 S., 49 Abb. 1954 *(1140)*
Die komplexe Berechnung von Wechselstromschaltungen von *H. H. Meinke.* 2. Aufl. 180 S., 120 Abb. 1957 *(1156/1156a)*
Theoretische Grundlagen zur Berechnung der Schaltgeräte von *F. Kesselring.* 3. Aufl. 144 S., 92 Abb. 1950 *(711)*
Einführung in die Technik selbsttätiger Regelungen von *W. zur Megede.* 174 S., 86 Abb. 1956 *(714/714a)*
Elektromotorische Antriebe (Grundlagen für die Berechnung) von *A. Schwaiger.* 3., neubearb. Aufl. 96 S., 34 Abb. 1952 *(827)*
Technische Tabellen und Formeln von *W. Müller.* 4., verb. und erw. Aufl. von *E. Schulze.* 152 S., 105 Fig. 1951 *(579)*
Überspannungen und Überspannungsschutz von *G. Frühauf.* Durchges. Neudr. 122 S., 98 Abb. 1950 *(1132)*

Maschinenbau

Metallkunde von *H. Borchers.* 2 Bde. 3. Aufl.
I: Aufbau der Metalle und Legierungen. 120 S., 90 Abb., 2 Tab. 1956 *(432)*
II: Eigenschaften, Grundzüge der Form und Zustandsgebung. 154 S., 100 Abb., 8 Tab. 1957 *(433)*
Die Werkstoffe des Maschinenbaues von *H. Thum*† und *C. M. von Meysenbug.* 2 Bde.
I: Einführung in die Werkstoffprüfung. 2., neubearb. Aufl. 100 S., 7 Tab., 56 Abb. 1956 *(476)*
Dynamik von *W. Müller.* 2 Bde. 2., verb. Aufl.
I: Dynamik des Einzelkörpers. 128 S., 48 Fig. 1952 *(902)*
II: Systeme von starren Körpern. 102 S., 41 Fig. 1952 *(903)*
Technische Schwingungslehre von *L. Zipperer.* 2 Bde. 2., neubearb. Aufl.
I: Allgemeine Schwingungsgleichungen, einfache Schwinger. 120 S., 101 Abb. 1953 *(953)*
II: Torsionsschwingungen in Maschinenanlagen. 102 S., 59 Abb. 1955 *(961/961a)*
Werkzeugmaschinen für Metallbearbeitung von *K. P. Matthes.* 4 Bde.
I: 100 S., 27 Abb., 11 Zahlentaf., 1 Tafelanh. 1954 *(561)*
II: Fertigungstechnische Grundlagen der neuzeitlichen Metallbearbeitung. 101 S., 30 Abb., 5 Taf. 1955 *(562)*
Transformatoren von *W. Schäfer.* 3., überarb. u. erg. Aufl. 130 S., 73 Abb. 1957 *(952)*
Das Maschinenzeichnen mit Einführung in das Konstruieren von *W. Tochtermann.* 2 Bde. 4. Aufl.
I: Das Maschinenzeichnen. 156 S., 77 Taf. 1950 *(589)*
II: Ausgeführte Konstruktionsbeispiele. 130 S., 58 Taf. 1950 *(590)*
Die Maschinenelemente von *E. A. vom Ende.* 3., verb. Aufl., 166 S., 175 Fig., 9 Taf. 1956 *(3/3a)*
Maschinen der Eisenhüttenwerke von *L. Engel.* 156 S., 95 Abb. 1957 *(583/583a)*
Walzwerke von *H. Sedlaczek* unter Mitarbeit von *F. Fischer* und *M. Buch.* 232 S., 157 Abb. 1958 *(580/580a)*
Getriebelehre von *P. Grodzinski* †. 2 Bde. 2., neubearb. Aufl.
I: Geometrische Grundlagen. 159 S., 142 Fig. 1953 *(1061)*
Gießereitechnik von *H. Jungbluth.* 2 Bde.
I: Eisengießerei. 126 S., 44 Abb. 1951 *(1159)*
Die Dampfkessel und Feuerungen einschließlich Hilfseinrichtungen in Theorie, Konstruktion und Berechnung von *W. Marcard*†. 2 Bde. 2. Aufl., neubearb. von *K. Beck.*
I: Die theoretischen Grundlagen, Wärme, Verbrennung, Wärmeübertragung. 150 S., 42 Abb., 16 Tab. 1951 *(9)*
II: Dampfkessel. 147 S., 43 Abb. 1952 *(521)*
Dampfturbinen, ihre Wirkungsweise, Berechnung und Konstruktion von *C. Zietemann.* 3 Bde. 3., verb. Aufl.

I: Theorie der Dampfturbinen. 139 S., 48 Abb. 1955 *(274)*
II: Die Berechnung der Dampfturbinen und die Konstruktion der Einzelteile. 132 S., 111 Abb. 1956 *(715)*
III: Die Regelung der Dampfturbinen, die Bauarten, Turbinen für Sonderzwecke, Kondensationsanlagen. 126 S., 90 Abb. 1956 *(716)*

Verbrennungsmotoren von *W. Endres.* 3 Bde.
I: Überblick, Motor-Brennstoffe, Verbrennung im Motor allgemein, im Otto- und Diesel-Motor. 153 S., 57 Abb. 1957 *(1076/1076a)*

Technische Thermodynamik von *W. Nußelt.* 3 Bde.
I: Grundlagen. 4., verb. Aufl. 144 S., 71 Abb. 1956 *(1084)*
II: Theorie der Wärmekraftmaschinen. Neudr. 144 S., 87 Abb., 32 Zahlentaf. 1951 *(1151)*

Autogenes Schweißen und Schneiden von *H. Niese.* 5. Aufl., neubearb. von *A. Küchler.* 136 S., 71 Fig. 1954 *(499)*

Die elektrischen Schweißverfahren von *H. Niese.* 2. Aufl., neubearb. von *H. Dienst.* 136 S., 58 Abb. 1955 *(1020)*

Hebezeuge. Entwurf von Winden und Kranen von *G. Tafel.* 2., verb. Aufl. 176 S., 230 Fig. 1954 *(414/414a)*

Wasserbau

Wasserkraftanlagen von *A. Ludin* u. Mitarb. v. *W. Borkenstein.* 2 Bde.
I: Planung, Grundlagen und Grundzüge. 124 S., 60 Abb. 1955 *(Bd. 665)*
II: Anordnung und Ausbildung der Hauptbauwerke. 184 S., 91 Abb. 1958 *(666/666a)*

Verkehrswasserbau von *H. Dehnert.* 3 Bde.
I: Entwurfsgrundlagen, Flußregelungen. 103 S., 52 Abb. 1950 *(585)*
II: Flußkanalisierung und Schiffahrtskanäle. 94 S., 60 Abb. 1950 *(597)*
III: Schleusen und Hebewerke. 98 S., 70 Abb. 1950 *(1152)*

Wehr- und Stauanlagen von *H. Dehnert.* 134 S., 90 Abb. 1952 *(965)*

Talsperren von *F. Tölke.* 122 S., 70 Abb. 1953 *(1044)*

Hoch- und Tiefbau

Die wichtigsten Baustoffe des Hoch- und Tiefbaus von *O. Graf.* 4., verb. Aufl. 131 S., 63 Abb. 1953 *(984)*

Baustoffverarbeitung und Baustellenprüfung des Betons von *A. Kleinlogel.* 2., neubearb. und erw. Aufl. 126 S., 35 Abb. 1951 *(978)*

Festigkeitslehre. 2 Bde.
I: Elastizität, Plastizität und Festigkeit der Baustoffe und Bauteile von *W. Gehler*† und *W. Herberg.* Durchges. und erw. Neudr. 159 S., 118 Abb. 1952 *(1144)*
II: Formänderung, Platten, Stabilität und Bruchhypothesen von *W. Herberg* und *N. Dimitrov.* 187 S., 94 Abb. 1955 *(1145/1145a)*

Grundlagen des Stahlbetonbaus von *A. Troche.* 2., neubearb. und erw. Aufl. 208 S., 75 Abb., 17 Bemessungstaf., 20 Rechenbeisp. 1953 *(1078)*

Statik der Baukonstruktionen von *A. Teichmann.* 4 Bde.
I: Grundlagen. 100 S., 51 Abb., 8 Formeltaf. 1956 *(119)*
II: Statisch bestimmte Stabwerke. 107 S., 52 Abb., 7 Taf. 1957 *(Bd. 120)*
III: Statisch unbestimmte Systeme. 112 S., 33 Abb., 7 Formeltaf. 1958 *(122)*

Fenster, Türen, Tore aus Holz und Metall. Eine Anleitung zu ihrer guten Gestaltung, wirtschaftlichen Bemessung und handwerksgerechten Konstruktion von *W. Wickop.* 4., überarb. und erg. Aufl. 155 S., 95 Abb. 1955 *(1092)*

Heizung und Lüftung von *J. Körting*† und *W. Körting.* 2 Bde.
I: Das Wesen und die Berechnung der Heizungs- und Lüftungsanlagen. 8., neubearb. Aufl. 140 S., 29 Abb., 18 Zahlentaf. 1951 *(342)*
II: Die Ausführung der Heizungs- und Lüftungsanlagen. 9. Aufl. 1958. In Vorb. *(343)*

Industrielle Kraft- und Wärmewirtschaft von *F. A. F. Schmidt* u. *A. Beckers.* 167 S., 73 Abb. 1957 *(318/318a)*

SAMMLUNG GÖSCHEN/BANDNUMMERNFOLGE

1 Langosch, Der Nibelunge Nôt
3/3a v. Ende, Die Maschinenelemente
9 Marcard-Beck, Dampfkessel I
10 Jiriczek-Wisniewski, Kudrun- und Dietrichepen
13 Lotze, Geologie
18 Maurer, Hartmann v. Aue
19 Altheim, Röm. Geschichte I
20 Hofstaetter-Spree, Dt. Sprachl.
29 Brauns-Chudoba, Allg. Mineralogie
30 Eckert-Greifendorff-Kleffner, Kartenkunde
31 Brauns-Chudoba, Spez. Mineralogie
35 Treue, Dt. Geschichte von 1648 bis 1740
37 Klemm, Anorganische Chemie
38/38a Schlenk, Organ. Chemie
39 Treue, Dt. Geschichte von 1713 bis 1806
42 Behn, Vorgeschichte Europas
47 Fischer, Arithmetik
51/51a Ringleb-Bürklen, Mathematische Formelsammlung
59 Krahe, Indogerm. Sprachwiss.
60 Biehle, Stimmkunde
61 Biehle, Redetechnik
65/65a Grotemeyer, Anal. Geom.
66 Berneker-Vasmer, Russische Grammatik
71 Schulze, Allg. u. phys. Chemie I
76 Döring, Einf. i. d. theoret. Physik I
77 Döring, – II
78 Döring, – III
79 Hempel, Gotisches Elementarb.
80 Weigert, Stilkunde I
96 Hartmann, Einf. i. d. allgem. Biologie
99 Hessenberg-Kneser, Ebene und sphär. Trigonometrie
101 v. Wiese, Soziologie
103 Dahrendorf, Industrie- und Betriebssoziologie
104/104a Hofstätter, Sozialpsychologie
111 Hoffmann-Debrunner, Gesch. d. griechischen Sprache I
114 Debrunner, — II
117 Brandenstein, Griechische Sprachwissenschaft I
119 Teichmann, Statik der Baukonstruktionen I
120 Teichmann, - II
122 Teichmann, - III
125 Vossler, Ital. Literaturgesch.
128/128a Lausberg, Romanische Sprachwissenschaft I
136 Mahler, Physikalische Formelsammlung
141 Geitler, Morphol. der Pflanzen
142 Haack, Darst. Geometrie I
143 Haack, — II
144 Haack, — III
145 Weimer, Gesch. der Pädagogik
156/156a Landmann, Philosophische Anthropologie
170 Oehlmann, Musik des 19. Jahrh.
171/171a Oehlmann, Musik des 20. Jahrhunderts
173 Bruhns-Ramdohr, Petrographie
180 Böhm, Versicherungsmath. I
184 Blümcke, Textilindustrie I
196 Mohr, Grundlagen d. Elektrotechnik I
197 Mohr, – II
198 Mohr, – III
200/200a Gottschald, Dt. Rechtschreibungswörterbuch
210 Bruhns-Ramdohr, Kristallographie
220/220a Moser, Allg. Musiklehre
221/221a Jander-Jahr, Maßanalyse
222 Hassak-Beutel, Warenkunde I
223 Hassak-Beutel, – II
226 Hofmann, Geschichte der Mathematik I
228 Vogel, Landw. Tierzucht
231/231a Ehrlich, Geschichte Israels
238 Krahe, German. Sprachwiss. I
243 Mahler, Physikal. Aufgabenslg.
247 Hoppe, Analytische Chemie I
248 Hoppe, – II
250 Lausberg, Roman. Sprachwissenschaft II
252 Dassler, Elektrochemie I
253 Dassler, – II
256 Haussner, Aufgabensamml. zur analyt. Geometrie der Ebene
257 Humburg, Die Gleichstrommaschine I
264 Lockemann, Geschichte der Chemie I
265/265a Lockemann, – II
270 Kirn, Einführung in die Geschichtswissenschaft
274 Zietemann, Dampfturbinen I

280 Jacob, Quellenkunde der deutschen Geschichte II
281 Leisegang, Einführung in die Philosophie
284 Jacob-Weden, Quellenkunde der deutschen Geschichte III
318/318a Schmidt, Industrielle Kraft- und Wärmewirtschaft
319 Krug, Australien und Ozeanien
329 Scharrer, Agrikulturchemie I
330/330a Scharrer, – II
335 Braun-Klug, Fette und Öle
336 Braun-Klug, Seifenfabrikation
342 Körting, Heizung und Lüftung I
343 Körting, – II
344 Moser, Musikästhetik
354/354a Valentiner, Vektoren
355 Neger-Münch, Nadelhölzer
356 Lüdemann, Fische
374 Döring, Einf. in die theoret. Physik IV
375 Preller, Geschichte Englands I
389/389a Diels-Mattick, Pflanzengeographie
394/394a Schilling, Von der Renaissance bis Kant
414/414a Tafel, Hebezeuge I
422 Gottschald, Deutsche Personennamen
423 Adler, Fünfstell. Logarithmen
432 Borchers, Metallkunde I
433 Borchers, — II
439 Jaeckel, Würmer
440 Jaeckel, Weichtiere
441 Jaeckel, Stachelhäuter
442 Hannemann, Schwämme und Hohltiere
443 Gruner-Deckert, Krebse
444 Reichenow, Einzeller
445 Asmus, Physikal.-Chem. Rechenaufgaben
452 Bahrdt-Scheer, Stöchiometrische Aufgabensammlung
468 Werkmeister, Vermessungskunde I
469 Werkmeister, — II
476 Thum-Meysenbug, Die Werkstoffe des Maschinenbaus I
483 Henglein, Lötrohrprobierkunde
492 Stolz-Debrunner, Geschichte der lateinischen Sprache
499 Niese, Autogen. Schweißen
500 Simmel, Hauptprobleme der Philosophie
521 Marcard-Beck, Dampfkessel II
536 Lehmann, Kant
538 Rumpf, Archäologie I
539 Rumpf, Archäologie II
561 Matthes, Werkzeugmaschinen I
562 Matthes, – II
564 Behn, Kultur der Urzeit I
565 Behn, – II
566 Behn, – III
571 Lehmann, Philosophie des 19. Jahrhunderts I
576/576a Moser, Gesangskunst
579 Müller-Schulze, Techn. Tabellen
580/580a Sedlaczek, Walzwerke
583/583a Engel, Maschinen der Eisenhüttenwerke
585 Dehnert, Verkehrswasserbau I
589 Tochtermann, Maschinenzeichnen I
590 Tochtermann, – II
594 Lengerken, Insekten
597 Dehnert, Verkehrswasserbau II
601 Mutschmann, Engl. Phonetik
619 Buchwald, Kristalloptik
665 Ludin, Wasserkraftanlagen I
666/666a Ludin, — II
668 Knopp, Funktionentheorie I
677 Altheim, Röm. Geschichte II
679 Altheim, — III
691 Fauser, Kulturtechn. Bodenverbesserungen I
692 Fauser, – II
698/698a Schulze, Allgemeine und physikalische Chemie II
703 Knopp, Funktionentheorie II
709 Lehmann, Philosophie des 19. Jahrhunderts II
711 Kesselring, Berechnung der Schaltgeräte
714/714a zur Megede, Einf. in die Technik selbsttät. Regelungen
715 Zietemann, Dampfturbinen II
716 Zietemann, – III
718 Neger-Münch, Laubhölzer
728/728a Pirani, Graph. Darstellung
735 Ekwall, Historische neuengl. Laut- und Formenlehre
763/763a Beer-Meyer, Hebräische Grammatik I
764/764a Beer-Meyer, – II
768/768a Bieberbach, Einführung in die konforme Abbildung
780 Krahe, Germ. Sprachwiss. II
781 Weigert, Stilkunde II
786 Schulze, Molekülbau
807 Kropp, Erkenntnistheorie I
809 Moser, Harmonielehre I
826 Koch, Philosophie des Mittelalters

827 Schwaiger, Elektromotorische Antriebe
831 Erismann, Allg. Psychologie I
837/837a Baumgartner, Gruppentheorie
845 Lehmann, Philosophie im ersten Drittel des 20. Jahrh. I
847 Herter, Lurche
851/851a Moede, Psychologie des Berufs- und Wirtschaftslebens
857 Capelle, Griech. Philosophie I
858 Capelle, – II
859 Capelle, – III
862 Werkmeister, Vermessungskunde III
863 Capelle, Griech. Philosophie IV
875 Hofmann, Gesch. d. Math. II
877 Knopp, Aufgabensammlung zur Funktionentheorie I
878 Knopp, — II
881 Humburg, Gleichstrommaschine II
882 Hofmann, Gesch. d. Math. III
902 Müller, Dynamik I
903 Müller, – II
910 Jaeger, Afrika I
911 Jaeger, – II
915 Sperber-Fleischhauer, Gesch. der deutschen Sprache
917/917a Böhm, Versicherungsmathematik II
920 Hoheisel, Gewöhnliche Differentialgleichungen
921 Jantzen-Kolb, W. v. Eschenbach. Parzival
929 Schirmer, Dt. Wortkunde
930 Krull, Elementare und klassische Algebra I
931 Hasse, Höhere Algebra I
932 Hasse, – II
933 Krull, Elementare und Klassische Algebra II
952 Schäfer, Transformatoren
953 Zipperer, Techn. Schwingungslehre I
961/961a Zipperer, — II
965 Dehnert, Wehr- und Stauanl.
970 Baldus-Löbell, Nichteuklid. Geometrie
972 Herter, Tierphysiologie I
973 Herter, – II
978 Kleinlogel, Baustoffverarb. u. Baustellenprüf. des Betons
984 Graf, Die wichtigsten Baustoffe des Hoch- u. Tiefbaus
999/999a Kamke, Mengenlehre
1000 Jaspers, Geistige Situation
1003 Hoheisel, Partielle Differentialgleichungen
1008 Mellerowicz, Allgemeine Betriebswirtschaftslehre I
1009 Bechert-Gerthsen, Atomphysik I
1014 Huttenlocher, Mineral- und Erzlagerstättenkunde I
1015/1015a Huttenlocher, - II
1017 Döring, Einf. i. d. theoret. Physik V
1020 Niese-Dienst, Elektr. Schweißverfahren
1031/1031a Apel, Philosophisches Wörterbuch
1033 Bechert-Gerthsen, Atomphysik II
1034 Kranefeldt, Therapeutische Psychologie
1035 Altheim, Röm. Religionsgeschichte I
1039 Dovifat, Zeitungslehre I
1040 Dovifat, – II
1044 Tölke, Talsperren
1045 Schubert, Technik des Klavierspiels
1051/1051a Stolberg-Wernigerode, Gesch. der Verein. Staaten von Amerika
1052 Altheim, Röm. Religionsgeschichte II
1057 Roth, Thermochemie
1059 Hoheisel, Aufgabensammlung zu den gewöhnl. und partiellen Differentialgleichungen
1061 Grodzinski, Getriebelehre I
1065 Haller, Von den Karolingern zu den Staufern
1070 Sauter, Differentialgleichungen der Physik
1076/1076a Endres, Verbrennungsmotoren I
1078 Troche, Stahlbetonbau
1082 Hasse-Klobe, Aufgabensamml. zur Höheren Algebra
1084 Nußelt, Technische Thermodynamik I
1085 Lietzmann, Zeitrechnung
1086 Müller, Dt. Dichten u. Denken
1088 Preller, Geschichte Englands II
1092 Wickop, Fenster, Türen, Tore
1094 Hernried, System. Modulation
1096 Viëtor, Dt. Dichten und Denken
1099 Hoheisel, Integralgleichungen

AUTORENREGISTER

Printed in Germany

Überreicht durch:

Wenn einer, der mit Mühe kaum

Gekrochen ist auf einen Baum,

Schon meint, daß

er ein Vogel wär,

So irrt sich der.

Wilhelm Busch

EIN SCHACHBUCH HILFT WEITER!

Von A-Z

Anfangsregeln und Grundzüge

Aller Anfang ist schwer — und ein Schachbuch für Anfänger soll deshalb nicht zuviel von dem Lernenden verlangen und nicht zu schwierige Probleme aufwerfen: »Mein erstes Schachbuch« ist schon aus diesem Grunde geeignet, das Interesse an allen Zweigen des Schachspiels wachzuhalten und zur weiteren Beschäftigung mit dem königlichen Spiel anzuregen. Arbeit verlangt zwar Brinckmanns »Lehrbuch des Schachspiels« von dem neugewonnenen Schachfreund; aber seine klare und übersichtliche Darstellungsweise hält den Leser bis zum Schluß gefangen und macht ihn allmählich zu einem wirklichen Schachspieler. »Von A bis Z« führt Exweltmeister Dr. Euwe in seiner gediegenen und gründlichen Art durch alle Belange der Schachpartie — ein unübertreffliches Lehrbuch für alle die, die es ernst mit dem Schachstudium meinen und mehr wissen wollen als die Grundwahrheiten. Einteilung und Durchführung verraten den großen Pädagogen.

K. RICHTER, *Mein erstes Schachbuch*

Ein Ratgeber für Anfänger. 4. Auflage. Oktav. Mit zahlreichen Stellungsbildern. 91 Seiten. 1956. Kartoniert DM 4,80

„Diese Neuauflage des Erstlingswerkes des bekannten Verfassers . . . führt in einfacher und mustergültiger Form den Anfänger in die Kunst des Schachspiels ein.“ Schachecho

A. BRINCKMANN, *Lehrbuch des Schachspiels*

3., völlig neubearbeitete Auflage. Oktav. Mit 173 Diagrammen. VIII, 160 Seiten. 1952. Kartoniert DM 6,40

Walter de Gruyter & Co.

RICHTER/TESCHNER, *Schacheröffnungen (Der kleine Bilguer)*

Theorie und Praxis. 2., nach dem neuesten Stand der Theorie verbesserte Auflage. Oktav. Mit mehr als 100 ausgewählten Partien. VI, 210 Seiten. 1957. Kartoniert DM 9,80

„Der Untertitel des Buches besagt das Wesentliche über seinen Aufbau. Die mannigfaltigen, von den beiden Berliner Meistern sorgfältig zusammengestellten Eröffnungen und Varianten sind mit über 100 Partienbeispielen untermalt." Schweizerische Schachzeitung

E. SNOSKO-BOROWSKY, *Eröffnungsfallen am Schachbrett*

3., verbesserte Auflage. Neubearbeitet unter Mitwirkung von Rudolf Teschner. Oktav. Mit 221 Beispielen und 88 Diagrammen. 123 Seiten. 1957. DM 6,80

„Die Tatsache, daß dieses Werk ein Bestseller unter den Schachbüchern ist, daß schon nach $2^1/_2$ Jahren eine Neuauflage notwendig wurde, spricht für sich." Schachecho

LÖWENFISCH/SMYSLOW, *Theorie der Turmendspiele*

Aus dem Russischen übersetzt und herausgegeben von Dr. H. Lehmann. In Vorbereitung.

Von Wunderkindern und Großmeistern

Biographien und Erinnerungen

Der Schachliebhaber möchte nicht nur lernen und studieren, sondern sich auch über die Laufbahn und Leistungen der großen Meister des Schachspiels unterrichten. Dr. Aljechin, einer der genialsten Spieler aller Zeiten, schildert »Auf dem Wege zur Weltmeisterschaft« die psychologische Einstellung auf seinen gewaltigen Gegner Capablanca und seinen schließlichen Sieg. Unübertrefflich sind die Glossen Aljechins zu seinen eigenen Partien.

Hochinteressant ist in diesem Zusammenhang Reshevskys objektive Schilderung seiner Schachlaufbahn vom Wunderkind zum Großmeister. Auch er ist ein hervorragender Interpret eigener Partien. Seine allgemeinen Betrachtungen sind ebenfalls sehr lehrreich. A. Brinckmann würdigt den vor einigen Jahren verstorbenen »Großmeister Bogoljubow«, der zwar im Wettkampf mit Aljechin unterlag, aber zu den größten Meistern der Neuzeit zählt. Dem Gedenken Klaus Junges, dem hoffnungsvollsten deutschen Nachwuchstalent der Kriegszeit, mit nur kurzer, aber umso glänzenderer Laufbahn ist Budrich-Schultes sehr empfehlenswertes Büchlein »Das war Klaus Junge« gewidmet. Carl Carls, der Schöpfer der Bremer Partie, hat viele schöne Partien gespielt, die in dem von K. Richter bearbeiteten Buch lebendig werden. Gleichzeitig vermittelt der Rückblick auf Carls' Schachlaufbahn interessante historische Eindrücke.

A. ALJECHIN (Alekhine), *Auf dem Wege zur Weltmeisterschaft* (1923—1927)

2. Auflage. Oktav. Mit 100 Partien und 173 Diagrammen. VIII, 226 Seiten. 1955. Kartoniert DM 9,80

„Auf dem Wege zur Weltmeisterschaft ist in besonderem Maße bezeichnend für das Schaffen Aljechins überhaupt. Das Buch liest sich beinahe romanhaft."

Schweizerische Schachzeitung

S. RESHEVSKY, *Meine Schachkarriere*

Mit 80 ausgewählten Partien. Oktav. 210 Seiten. 1957. Kartoniert DM 12,80

„. . . sehr aufschlußreich in vieler Beziehung für den Schachleser sind die Schilderungen über die einzelnen Turniere und Begegnungen mit den Großen wie Aljechin, Capablanca, Lasker und Botwinnik. Am wertvollsten jedoch sind die Erläuterungen der 80 Partien." Der Nußknacker

A. BRINCKMANN, *Großmeister Bogoljubow*

Oktav. Mit zahlreichen Abbildungen und Stellungsbildern. 107 Seiten. 1953. Kartoniert DM 5,50

„Eine Sammlung der besten Partien des allseitig beliebten und geschätzten Großmeisters, in der vorzüglichen und zum Teil humorvollen Glossierungskunst Alfred Brinckmanns." Deutsche Nachrichten, Sao Paulo

BUDRICH / SCHULTE, *Das war Klaus Junge*

Partien und Aufzeichnungen. Gewidmet den jugendlichen Schachspielern in aller Welt. Oktav. 97 Seiten. 1956. Kartoniert DM 8,80

„Ein Erinnerungsbuch zum Gedächtnis des begabtesten deutschen Jungmeisters, der am 27. April 1945 mit 21 Jahren . . . fiel. In wenigen Jahren stieg er zur Weltklasse auf. Das Buch eignet sich vor allem für unsere Jugend zu Geschenkzwecken." Schachecho

K. RICHTER, *Carl Carls und die ‚Bremer Partie'*

60 Jahre Schacherinnerungen. Mit einer Vorrede von Alfred Brinckmann. Herausgegeben von Kurt Richter. Oktav. 113 Seiten und 2 Abbildungen. 1957. Kartoniert DM 7,80

„Das empfehlenswerte Buch . . . weiß dem Menschen und Schachmeister Carls ein seinen Leistungen und Verdiensten entsprechendes Denkmal zu setzen."
Aachener Volkszeitung

Preisgekrönte Schachpartien

Poesie und Prosa

In der Mitte zwischen Belehrung und Unterhaltung stehen Partiesammlungen nach verschiedenen Gesichtspunkten. Tiefschürfend sind des jetzigen Exweltmeisters Botwinniks Erläuterungen zu seinen Partien aus dem 1. Wettkampf mit Smyslow 1954, ein Genuß für Kenner. Dr. Tartakower, einer der amüsantesten Plauderer und geistreichsten Köpfe im Reiche Caissas, zeigt eine Anzahl seiner schönsten Partien mit originellen und witzigen Zwischentexten. Mit ungarischem Temperament führt uns der Budapester Experte W. Á. Földeák in die Zauberwelt der Glanzpartien mit ihren schönen Kombinationen — eine prächtige Unterhaltung. Ein gewisses Gegenstück dazu bringt A. Brinckmann in einer Sammlung prägnanter Kurzpartien, hier entlädt sich die Dramatik des Schachkampfes sozusagen mit explosiver Kraft. Ganz anders geartet ist das Buch über das größte Fernturnier der Nachkriegszeit: das »Dr. Dyckhoff Fernschach-Gedenkturnier«. Fernschachpartien großer Meister sind naturgemäß meist tiefer angelegt als Partien am Brett und ermöglichen deshalb Kombinationen, die man sonst kaum antreffen würde. Ähnliches gilt hier für die subtile Behandlung der Aufbauprobleme. Ein bedeutsames Werk.

M. M. BOTWINNIK, *Der Schachwettkampf Botwinnik—Smyslow* um die Weltmeisterschaft im Jahre 1954 in Moskau.

Deutsche Übersetzung von Dr. H. Lehmann. Oktav. 100 Seiten. 1957. Kartoniert DM 6,80

Die Arbeit Botwinniks, die hier als erste in deutscher Sprache vorgelegt wird — die vierundzwanzig ausführlich kommentierten Partien des Wettkampfes um die Weltmeisterschaft gegen Smyslow im Jahre 1954 — ist zugleich seine neueste.

Köstliche Seltenheiten

Rund um das Schachbrett

An Versuchen, dem ernsten Schachspiel auch eine lustige Seite abzugewinnen, hat es nicht gefehlt. Dr. Fabels Buch »Rund um das Schachbrett« bringt eine eigenartige Mischung von Abnormitäten des königlichen Spiels, Essays, Kompositionen und lustigen Zeichnungen — am Rande des Schachbretts. Köstliche Seltenheiten! In gewisser Weise ergänzt der Wiener Altmeister Dr. Krejcik in »Mein Abschied vom Schach« das Fabel'sche Werk. Witzige Probleme und geistreiche Partieendungen werden in gemütvollem Wiener Plauderton vorgetragen und mit nachdenklichen Erinnerungen gewürzt. Zwei Leckerbissen für Genießer! Weiter gespannt ist der Bogen in K. Richters »Kurzgeschichten um Schachfiguren«. Interessante Zusammenstellungen aus allen Gebieten des Schachspiels, teils unterhaltend, teils belehrend, mit mehr als 700 Diagrammen illustrieren die unerschöpflichen Möglichkeiten im Reiche Caïssas. Im wahren Sinne des Wortes ein Bilderbuch des Schachspiels und zugleich ein unmethodisches Lehrbuch des Mittelspiels!

K. FABEL, *Rund um das Schachbrett*

Amüsantes und Interessantes vom Schach. Oktav. Mit 6 Karikaturen. VIII, 137 Seiten. 1955. Kartoniert DM 8,60

„Das Buch kann jedem warm empfohlen werden, der nicht nur Partien gewinnen will, sondern auch Freude an der besinnlichen und unterhaltsamen Seite des Schachspiels hat.“ Pfälzer Tageblatt

J. KREJCIK, *Mein Abschied vom Schach*

Sterbliches und Unsterbliches aus der Mappe eines Wiener Altmeisters. Oktav. Mit 44 Partien, 40 Schlußspielen, 30 Endspielstudien, 17 Problemen, 27 Selbstmattaufgaben und 131 Stellungsbildern. 106 Seiten. 1955. Kartoniert DM 5,20

„Ein Erinnerungsbuch eines schon fast ehrwürdigen Zeugen einer glanzvollen Schachepoche und ein würdiger Abschied eines der letzten Romantiker aus Caissas buntem Reich."

Schachecho

K. RICHTER, *Kurzgeschichten um Schachfiguren*

Ein Bilderbuch des Schachspiels, zugleich ein Unterhaltungsbuch für alle Schachfreunde. Nach neuen Ideen zusammengestellt und bearbeitet. 2., verbesserte Auflage. Oktav. Mit mehr als 700 Diagrammen und nicht ganz so vielen Versen. 308 Seiten. 1955. Kartoniert DM 12,80

„Amüsantes und Belehrendes, Schwächen und Nachdenkliches sind zu einem bunten Cocktail der 64 Felder gemixt, den keiner mehr lassen kann, hat er erst einmal davon genippt."

Sonntagspost

Im Banne des Schachproblems

Fundgrube für Aufgabenfreunde

Die eben geschilderten drei Bücher enthalten zahlreiche schöne Schachaufgaben, sind jedoch keine ausgesprochenen ‚Problembücher'. Diese haben die weltbekannten Komponisten Kraemer/Zepler in ihren hervorragenden Problemsammlungen geschaffen, die eine Fundgrube für jeden Problemfreund bilden. Die Auswahl und Darstellung entspricht dem hohen Ruf der Verfasser. Methodischen Lehrwert hat Dr. Speckmanns Werk »Strategie im Schachproblem« anhand von 242 Diagrammen, den so beliebten Kleinaufgaben.

Walter de Gruyter & Co.

Bestellzettel

Hiermit bestelle ich aus dem Verlag Walter de Gruyter & Co., Berlin W 35, durch die Buchhandlung:

....	Expl.	Aljechin, Weltmeisterschaft	DM 9,80
....	Expl.	Botwinnik, Schachwettkampf 1954 Botwinnik-Smyslow	DM 6,80
....	Expl.	Brinckmann, Lehrbuch	DM 6,40
....	Expl.	—, Matt in 20 Zügen	DM 6,80
....	Expl.	—, Bogoljubow	DM 5,50
....	Expl.	— u. Rellstab, Turnier-Taschenbuch	DM 4,80
....	Expl.	Budrich-Schulte, Klaus Junge	DM 8,80
....	Expl.	Dyckhoff — Fernschach — Turnier	DM 12,80
....	Expl.	Euwe, Positions- und Kombinationsspiel	DM 5,80
....	Expl.	Euwe, Urteil und Plan	DM 8,40
....	Expl.	Euwe, Schach von A—Z	In Vorbereitung
....	Expl.	Fabel, Rund um das Schachbrett	DM 8,60
....	Expl.	Földeák, Schachpartien	DM 6,80
....	Expl.	Kraemer-Zepler, Schachprobleme	DM 6,80
....	Expl.	Kraemer-Zepler, Problemkunst	DM 8,60
....	Expl.	Krejcik, Abschied vom Schach	DM 5,20
....	Expl.	Lasker, Schachstrategie	DM 9,80

Berlin W 35

.... Expl.	Löwenfisch-Smyslow, Turmendspiele		In Vorbereitung
.... Expl.	Reshevsky, Schachkarriere		DM 12,80
.... Expl.	Richter, Erstes Schachbuch		DM 4,80
.. Expl.	Richter, Schachpraktiker		DM 3,80
.... Expl.	Richter, Schachmatt		DM 7,80
.... Expl.	Richter, Kombinationen	Ganzleinen	DM 8,50
.... Expl.	Richter, Carl Carls		DM 7,80
.... Expl.	Richter, Kurzgeschichten		DM 12,80
.... Expl.	Richter-Teschner, Schacheröffnungen		DM 9,80
.... Expl.	Snosko-Borowsky, Eröffnungsfallen		DM 6,80
.... Expl.	Speckmann, Strategie		In Vorbereitung
.... Expl.	Tartakowers Glanzpartien		DM 12,—
.... Expl.	Deutsche Schachzeitung		
	jährlich, zur Fortsetzung		DM 12,—
	Für Mitglieder von Schachvereinen		DM 10,80
	Einzelhefte		DM 1,30

Datum Name Anschrift

44/58

Kolibri 360 GmbH
Ferdinand-Jühlke-Straße 7
99095 Erfurt, Deutschland
produktsicherheit@kolibri360.de